I0564784

COURS ÉDUCATIF

DE

LANGUE MATERNELLE

POUR

LES ÉCOLES ET LES FAMILLES,

PAR GRÉGOIRE GIRARD,

MEMBRE CORRESPONDANT DE L'INSTITUT DE FRANCE
(Acad. des sciences morales et polit.),

CHEVALIER DE LA LÉGION D'HONNEUR,

ANCIEN PRÉFET DE L'ÉCOLE FRANÇAISE DE FRIBOURG EN SUISSE.

Les mots pour les pensées ;
Les pensées pour le cœur et la vie.

PREMIÈRE PARTIE. — TOME II.

Vocabulaire

PARIS

LIBRAIRIE CH. DELAGRAVE

58, RUE DES ÉCOLES, 58

1876

Tout exemplaire non revêtu de notre griffe sera réputé contrefait.

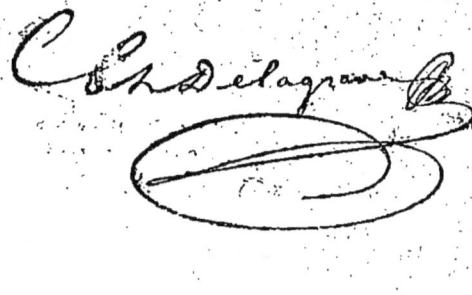

AVIS

AUX INSTITUTEURS ET AUX INSTITUTRICES.

Dans un enseignement de la langue qui s'est hautement consacré à l'éducation de l'enfance, le Vocabulaire se rattachera, dans sa spécialité, au but général, tout en remplissant sa tâche particulière. Cette tâche spéciale consiste à faciliter aux enfants l'intelligence des mots au moyen de leur dérivation, puis à les aider à les écrire correctement comme l'usage l'exige.

Toutefois, dans sa dérivation la langue française offre, pour l'intelligence de ses mots, incomparablement moins de ressources que le grec, le latin ou l'allemand, où tout est plus régulier et plus reconnaissable, à la vue comme à l'oreille. Nos radicaux, en recevant des syllabes finales ou initiales, s'altèrent souvent au point qu'ils ne conservent presque rien de leur état primitif. Les dérivés perdent ainsi l'air de famille qui devait les faire reconnaître à la première vue.

Notre dérivation est au surplus ridiculement capricieuse, car il faut bien dire le mot, puisque la chose existe. Dans les dérivés formés par des initiales, elle traduit souvent les mots latins en français, tandis que d'autres fois, sans qu'on puisse en deviner la raison, elle conserve les mots latins. C'est ainsi que nous avons d'un côté *pourvoir*, *entreprendre*, *enfermer*, et

de l'autre *provision*, *interposer* et *inclure*. Un autre
fâcheux inconvénient pour l'intelligence des mots,
c'est que nous avons une foule de dérivés dont les radicaux n'ont jamais passé dans notre langue, ou bien
y sont tombés plus tard en désuétude. Tels sont par
exemple les radicaux *duire* (mener), *struire* (bâtir),
férer (porter), qui n'existent plus que dans leurs dérivés *conduire*, *construire*, *conférer* ; puis *produire*,
détruire, *référer*, etc., etc. Ceci produit une nouvelle
difficulté pour l'intelligence de la langue.

Les instituteurs qui entendent le latin suppléent au
français par le latin et retrouvent dans cette langue
la signification de nos mots. Mais il est ici question
des enfants qui ne connaissent pas le latin et dont la
plupart ne l'étudieront jamais. Dès lors, l'instituteur
latiniste gardera sa science pour lui et ne voudra pas
se donner le ridicule d'essayer de conduire ses élèves
dans l'ancienne Rome, pour les ramener en France,
dans leur patrie.

Cependant cette dérivation française, si pauvre qu'elle
soit toujours, et si bizarre qu'elle puisse paraître en
comparaison d'autres langues mieux faites, ne laisse
pas d'offrir de grands avantages à l'instruction de
l'enfance. Et en cela nous ne parlons pas encore de la
noble direction que nous lui avons donnée pour la
mettre en harmonie avec les autres parties. Nous
n'avons d'abord que la langue elle-même en vue, l'intelligence et l'orthographe de ses mots ; deux choses
que l'on ne doit pas négliger dans les leçons de langue
que l'on donne aux enfants.

Nos grammaires n'ont pas soin de faire comprendre
aux élèves les mots de leur langue et d'étendre suc-
cessivement cette connaissance au plus grand nombre
de mots possible. On suppose que les enfants les connaissent, et que, s'ils ont quelque doute pour le sens,
ils consulteront le dictionnaire. Mais ces suppositions
sont l'une et l'autre si gratuites, si contraires à l'expé-

rience, qu'on doit les attribuer uniquement à l'inadvertance des maîtres.

Pour remplir cette grande lacune, le Vocabulaire apprendra aux élèves à rapprocher peu à peu les mots analogues, et à les reconnaître à leur air de famille. Il donnera tantôt le radical pour faire chercher et trouver les dérivés, tantôt il indiquera les dérivés pour arriver aux radicaux. L'instituteur sera ici le dictionnaire pour la signification, et loin d'attendre qu'on vienne le feuilleter, il ira lui-même au-devant des élèves dans cette route. Les élèves acquerront de jour en jour plus de mots ; ils deviendront plus clairvoyants pour les reconnaître et pour en saisir le sens. Ils contracteront aussi l'utile habitude de chercher, et par là même ils acquerront la facilité de trouver ce qu'ils cherchent.

Le premier chapitre de ce Vocabulaire ne s'occupe que des dérivés formés par des terminaisons ajoutées aux radicaux. C'est commencer par le commencement, car c'est ce qu'il y a de plus simple et de plus facile dans la dérivation ; surtout quand on a soin, comme nous l'avons fait, de relever les terminaisons l'une après l'autre, en s'arrêtant longtemps à la même. Par là, les élèves apprennent à la bien connaître, et ils la reconnaîtront facilement partout où elle se présentera.

Dans ce même chapitre, nous avons pris soin de familiariser peu à peu les enfants avec les altérations que subissent les radicaux lorsque l'on en forme des dérivés. Il n'en reste souvent que deux consonnes, quelquefois même une seule. Ce qui suppose alors le son, c'est le sens, et les instituteurs doivent s'empresser de présenter ce fil d'Ariane à leurs élèves. L'avertissement se trouve quelquefois dans le livre élémentaire, et il ne doit jamais sortir de la pensée du maître, qui doit le répéter immédiatement.

Le deuxième chapitre passe aux dérivés formés par

des initiales d'abord simples, puis doubles. Les anciennes terminaisons reparaissent dans ce nouveau travail, mais on ne les relève plus qu'au besoin, parce qu'en général elles sont déjà connues des écoliers. On conserve dans ce chapitre la méthode du précédent. Partout paraît l'initiale au commencement de la leçon avec sa signification et les altérations qu'elle subit. C'est ici que viennent se placer ces mots latins qui ont été conservés sans altération dans la dérivation française, tandis qu'ils avaient été traduits ailleurs.

Les initiales doublées sont rares dans la langue en comparaison des initiales simples, qui reviennent à chaque instant. Il fallait cependant en donner des exemples, et nous l'avons fait. Après leur apparition dans le livre élémentaire, elles se trouvent clairsemées parmi les initiales, mais il y en a assez pour que les élèves puissent reconnaître les autres et en saisir le sens.

Je conviens que, sans une instruction sur la dérivation, la jeunesse peut arriver à l'intelligence de la langue maternelle, du moins pour le besoin de la vie. Ici l'expérience parle assez haut ; et qui peut lui donner un démenti ? Je ne puis penser à cet immense résultat sans admirer les facultés de l'esprit humain et sans rendre grâce à leur Auteur. Cependant il ne faut pas exagérer les choses ; tous les instituteurs qui voudront observer les enfants sur ce point se convaincront que, s'il y a beaucoup de fait à cet égard, il reste incomparablement plus à faire. En général, le travail spontané de la jeunesse, en ce point, se fait comme dans un crépuscule, par des tâtonnements réitérés qui, s'ils réussissent souvent, tombent souvent à faux ou ne mènent à rien.

Les leçons de langue, pour mériter ce nom, doivent donc exciter, diriger, aider et compléter ce travail des jeunes intelligences, et je n'hésiterai pas de dire qu'un enseignement grammatical sans direction sur la déri-

vation est foncièrement imparfait. Mieux vaudrait
passer sous silence une foule de minuties syntaxiques
que d'omettre une partie dont dépend l'intelligence de
la langue, et par là même toute espèce d'instruction.

Le Vocabulaire doit naturellement renfermer les
éléments de l'orthographe. Je ne parle que des éléments ; car, dans l'instruction de l'enfance, on ne
saurait épuiser ce qui est inépuisable dans une langue
faite comme la nôtre. Or, la Syntaxe et la Conjugaison
sont d'office chargées de *l'orthographe de règle*, et ceci
se fait assez amplement dans nos deux livres élémen-
taires, outre que la ponctuation n'y est pas oubliée,
puisqu'elle chemine toujours à côté de la syntaxe et
se développe avec elle. *L'orthographe de convention*
appartient d'une manière spéciale au Vocabulaire,
qui passe en revue les principaux mots primitifs et
leurs dérivés. Je dis d'une manière *spéciale*, parce que,
dans les autres exercices de langue, l'instituteur doit
signaler les mots d'une orthographe difficile ou dou-
teuse, pour les faire épeler de vive voix. Il doit s'en
occuper aussi dans le corrigé des compositions par
écrit. En revanche, dans les leçons du Vocabulaire,
on n'oubliera ni la Syntaxe ni la Conjugaison. Toutes
les parties d'un même enseignement se rendront
constamment des services mutuels.

Dans mon ancienne école, les leçons du Vocabulaire
se donnaient en face du tableau noir. L'instituteur
avait la craie à la main, il écrivait par exemple un
radical et se faisait dire les dérivés sous la dictée des
élèves, qui en indiquaient l'orthographe. L'écriture,
il faut le dire, est moins expéditive que la parole ;
mais elle est une instruction intuitive, qui place sous
les yeux des enfants ce qu'ils devront représenter aux
yeux dans leur travail par écrit. En conséquence, le
livre élémentaire demande aussi l'usage du tableau
pour la dérivation, comme dans les autres parties, et
il laisse à l'instituteur le soin d'employer plus ou moins

l'écriture au tableau, selon qu'il le juge nécessaire.

Je viens au troisième chapitre du Vocabulaire. Il s'occupe des mots composés, qui, pour la plupart, sont des expressions plus ou moins elliptiques. Pour en rendre l'orthographe plus facile, on avait proposé de ne voir dans chacun d'eux qu'un tout indivisible, et de ne pluraliser que le dernier élément, quel qu'il fût, lorsque l'article se trouverait au pluriel, c'est-à-dire après *les* et *des* ou d'autres expressions équivalentes. C'était sans doute s'épargner un embarras ; mais l'usage n'a point accueilli cette innovation qui, mettant de côté la pensée, confondait les choses les plus disparates, pour ne pas avoir la peine de les différencier. Cette peine, nous devons d'autant moins l'épargner à nos élèves, que le développement de leur intelligence est l'un des buts que nous cherchons à atteindre dans le Cours éducatif de langue maternelle.

Partant de l'ellipse, qui joue un si grand rôle dans la langue, DOMERGUE a établi un principe rationnel sur l'orthographe des mots composés. Ce principe a été justement accueilli et développé par LEMARE, puis par BONIFACE et ensuite par GIRAULT-DUVIVIER [1]. Nous avons cherché à le mettre à la portée de nos élèves, en abordant les difficultés une à une, et dans cette progression lente et mesurée qui nous a servi de règle dans notre travail.

Développer l'intelligence au profit du cœur est le but de notre Vocabulaire, tout comme celui des autres parties de l'enseignement de la langue, et l'on verra que la pensée religieuse et morale n'a jamais été perdue de vue, bien que les matériaux de la langue ne s'y prêtent pas toujours également. On voudra bien se souvenir qu'amener les enfants à la connaissance

---

1. *Grammaire des grammaires*, dixième édition, tome I, p. 170 et suivantes.

de là nature, c'est les amener au Créateur et de là à la pratique du bien. Or, le Vocabulaire revient souvent à ce but essentiel, et même il donne par deux fois une série de leçons qui appartiennent à la théologie naturelle. Ailleurs, il ne néglige pas les occasions d'avertir les jeunes consciences, et place de loin en loin des pensées propres à fortifier le sentiment moral, ainsi que les nobles affections de la piété filiale et de l'humanité.

Quant au développement intellectuel, il se fait ici comme dans les autres parties de l'enseignement. Toujours les élèves sont appelés à exprimer une pensée sur les mots primitifs et les dérivés, à mesure qu'ils paraissent dans les leçons, et l'instituteur doit avoir soin de provoquer tous ses élèves et de les tenir tous en haleine dans ce travail. L'usage que les écoliers feront du mot donné lui apprendra s'ils le comprennent bien, et, au cas contraire, il deviendra leur dictionnaire. Quelquefois la pensée sera juste, mais l'expression en sera fautive, et ce sera le cas de la redresser. A cet égard, je n'ai pas besoin de dire que l'instituteur ne devra pas, pour les termes et les règles, anticiper sur la Syntaxe et la Conjugaison, mais répéter dans l'occasion et faire répéter ce qu'elles auront enseigné.

Dans mon ancienne école, je n'ai pu donner aux instituteurs que le squelette du Vocabulaire. Je n'avais pas encore trouvé le temps d'y ajouter, selon mon désir, les exemples qui devaient donner la direction convenable tant aux instituteurs qu'aux élèves. Ici, j'ai rempli cette lacune, pour m'assurer que le Vocabulaire travaillera aussi dans l'intérêt de l'éducation. Le maître donnant toujours la direction, on peut espérer que les enfants, qui sont nés imitateurs, travailleront dans le même sens. Les exemples du livre élémentaire sont nombreux, cependant ils laissent assez de marge aux instituteurs. Je désire surtout que, dans ce qu'ils ajouteront, ils entrent dans les spécialités qui les environnent, et approprient de plus en plus l'instruction aux élèves qui leur seront confiés.

Les exemples donnés par le maître doivent d'abord être répétés par deux ou trois élèves, parce qu'il s'agit de s'assurer qu'ils ont été bien saisis, et qu'il est bon de les graver dans la mémoire. Viendront ensuite les réflexions des enfants sur le contenu de chaque exemple, tout comme cela est prescrit pour la Syntaxe et la Conjugaison. Ce sera apprendre à penser à de petites créatures volages qui ne pensent guère. L'instituteur aura ici assez d'occasions de redresser des erreurs et de suppléer à l'ignorance qui ne peut pas savoir avant d'avoir appris.

Il est à désirer que l'instituteur n'intervienne qu'au besoin dans ce corrigé, et qu'il soit confié aux élèves en première instance. Le développement de l'intelligence gagnera beaucoup à cet exercice. Mais il faudra habituer les uns à corriger avec le plus grand ménagement, et les autres à endurer la censure avec toute l'humilité évangélique. De son côté, l'instituteur devra dans son école représenter le divin Maître qui, modèle de douceur comme de patience aimait à encourager les moindres preuves de bonne volonté et les plus faibles essais pour le bien. L'instituteur doit, par toute sa conduite, se mettre en harmonie avec un cours de langue consacré à l'éducation de la jeunesse.

Le Vocabulaire ne marche pas dès le commencement avec la Syntaxe et la Conjugaison. Il n'arrive que plus tard, parce qu'il fallait aller au plus pressé, et que le développement de la Syntaxe réclamait tout de suite le concours de la Conjugaison. C'est dans la Syntaxe, comme partie fondamentale de tout l'enseignement, que l'on trouvera l'ordre à suivre dans la succession des leçons.

Après ces divers éclaircissements, il m'en reste encore un à donner. Le Vocabulaire accompagne une Syntaxe et une Conjugaison qui ne dépassent pas les bornes de la proposition, et lui s'élance hardiment beaucoup au delà, puisqu'il renferme et reçoit indistinctement des phrases de deux et même de plusieurs propositions. Cette étendue pourrait, au premier coup d'œil, paraître tout à fait démesurée et en discordance avec les deux autres parties de l'enseignement.

J'avoue que, sous ce rapport, le Vocabulaire n'est pas en harmonie avec les deux autres parties ; mais il faut d'abord faire attention que les élèves de la Syntaxe ont depuis longtemps dépassé la proposition, comme leurs discours le montrent à tout instant. Les livres qu'ils lisent vont aussi au delà, ainsi que les instructions verbales qu'on leur donne et qu'ils comprennent. Ils peuvent donc, sous le rapport de l'étendue et de la combinaison des pensées, saisir, du moins en très-grande partie, les phrases contenues dans le Vocabulaire. Ils peuvent aussi les retenir, les imiter et en faire leur profit. Il n'y a donc d'anticipation que sous un seul rapport, et ce rapport n'est pas le plus important dans l'éducation.

D'un autre côté, cette anticipation n'en est pas une; car elle prépare le travail syntaxique, non par la terminologie et les règles, mais par l'usage, puisque le Vocabulaire parle en phrases aux élèves, qu'il les engage à les imiter et qu'il redresse les fautes de langage, bien que sans grammaire. Dans la vie, l'usage précède toujours, et la règle ne vient qu'après, comme une observation sur l'usage établi, comme un préservatif contre les fautes qui peuvent se commettre, et comme un redressement de celles que l'on a commises. Le développement régulier de la Syntaxe et de la Conjugaison amène nécessairement des longueurs, même lorsque l'on a le bon esprit de ne pas dégoûter les enfants par d'interminables détails, qui viendront ailleurs et en leur temps. Le Vocabulaire offre donc ici un dédommagement à la pensée et à l'expression usuelle des élèves, puisqu'il se met au niveau de leurs progrès sous ce double rapport. Ainsi ce qui, sous ce point de vue, peut paraître désordonné, produit, quand on y regarde de plus près, l'harmonie qui manquerait dans l'éducation de l'enfance.

Je le dirai franchement : à peine étais-je entré dans mon ancienne école, que je sentis profondément les fâcheuses lenteurs ainsi que le vide profond de nos Syntaxes usuelles. Mon premier soin fut de substituer une grammaire d'idées à une grammaire de mots, et à une grammaire abstraite une grammaire pratique. Plus tard j'en détachai la Conjugaison, pour ne la développer que peu à peu, et faire conjuguer d'abord par propositions, puis par phrases.

Je n'arrivai au Vocabulaire que plus tard. Là je trouvai dans la liberté de la pensée et de l'expression cette émancipation désirée depuis longtemps et ce dédommagement donné à l'enfance, que je me voyais forcé d'asservir longuement à des formes rigoureuses, utiles sans doute et même nécessaires, mais qui pourtant ne sont pas entièrement d'accord avec ses progrès et ses goûts.

C'est dans le même esprit que je combinai les exercices de la classe élémentaire dans mon école. Jetant les yeux sur cette foule de petits enfants qui, le plus souvent, y sont retenus au delà d'une année aux stériles éléments de lecture, d'écriture, de calcul, ainsi qu'à la récitation d'un petit catéchisme qui n'est nullement à leur portée, je conçus de graves idées. Je me rappelai quelquefois cette plainte de Jérémie, pleurant sur les ruines de Jérusalem : « Les petits « demandaient du pain, et il n'y avait personne pour « le leur briser. » La pitié m'ouvrit les yeux, et je rédigeai peu à peu, en faveur de l'âge tendre, ces Exercices pour l'esprit, le cœur et la conscience, dont j'ai fait mention dans mon travail préliminaire sur *l'enseignement de la langue maternelle dans les familles et les écoles.* Le Vocabulaire est, en quelque sorte, pour les classes grammaticales, ce que les Exercices étaient pour la classe élémentaire de l'école.

L'AUTEUR.

VOCABULAIRE

CHAPITRE I.

MOTS DÉRIVÉS AU MOYEN DE NOUVELLES TERMINAISONS.

—

§ I. — NOMS DÉRIVÉS.

1. — Terminaison AGE.

Vous savez que les verbes changent de terminaison pour exprimer les différents temps et les différentes personnes. C'est la Conjugaison qui s'occupe de cette espèce de changements dans les finales des verbes. Nous commencerons aujourd'hui à étudier des changements dans les mots qui sont d'une espèce toute différente. Regardez cet exemple :

Hériter — un héritage.

Le mot *hériter* est un verbe, car vous pouvez le conjuguer avec *je, tu, il, nous, vous.* Essayez... Qu'est-ce que le mot *héritage* ?... Dites-le au pluriel avec l'article... Le nom *héritage* est formé du verbe *hériter,* et, pour le former, nous mettons à la place de la finale *er* la terminaison *age,* qui nous donne deux syllabes. N'en est-il pas ainsi ?...

Tout mot dont on se sert pour en former d'autres au moyen d'une terminaison nouvelle s'appelle la *racine* ou le *mot radical,* et les mots qui sortent, pour ainsi dire, de cette racine avec une nouvelle terminaison se nomment *mots dérivés.* Quel est dans notre exemple le radical, et quel est le dérivé ?... Le radical est un verbe, le dérivé est un nom ; par quelle terminaison le changement s'est-il fait ?...

La terminaison AGE s'ajoute non-seulement à des verbes pour en faire des noms, mais aussi à d'autres noms plus courts et à des adjectifs, comme vous allez bientôt le voir. Dans le nouvel exercice que nous commençons aujourd'hui, je vous dirai le radical, et c'est vous qui trouverez le dérivé. Il y aura encore une chose plus importante à faire : Il s'agira de faire entrer tant le radical que le dérivé dans une pensée à votre choix. Voici comment :

HÉRITER. — Nous *hériterons* des biens de notre Père commun, si nous gardons ses commandements.

HÉRITAGE. — Des connaissances et des sentiments honnêtes, voilà le plus bel *héritage* que les parents puissent laisser à leurs enfants.

Faites vos réflexions sur le contenu de mes deux exemples.

Je vous donnerai maintenant un radical ; vous me direz si c'est un verbe, ou un nom, ou un adjectif, et vous le ferez immédiatement entrer dans une pensée de votre choix, en y ajoutant vos réflexions. Puis de ce radical vous formerez un nom dérivé par la terminaison *age*, et sur ce nouveau mot vous ferez d'abord votre petite composition et ensuite vos réflexions.

1. La feuille,	le feuillage.	6. Un esclave,	l'esclavage.
2. Piller,	le pillage.	7. La langue,	le langage.
3. Une ombre,	un ombrage [1].	8. Le voisin,	le voisinage.
4. Mener,	le ménage.	9. La coquille,	le coquillage.
5. Un apprenti,	l'apprentissage.	10. Le pèlerin,	le pèlerinage.

1. A l'arrivée des frimas, le *feuillage* des arbres change de couleur, jusqu'à ce que les vents viennent le rendre à la terre.

2. S'il n'y avait pas de gouvernement, nous serions continuellement livrés au *pillage*.

1. Toutes les nasales s'écrivent par *m*, devant les consonnes *b* et *p*. Règle générale d'orthographe, avec de très-rares exceptions.

3. Dans les chaleurs de l'été, les arbres nous offrent leur *ombrage* hospitalier.

4. C'est la mère de famille qui, à l'intérieur, soigne le *ménage*.

5. Le Créateur nous a placés sur la terre pour y faire l'*apprentissage* de la vie.

6. Quand la sensualité nous domine, l'animal en nous est le maître, et l'homme est dans l'*esclavage*.

7. Les cieux aussi ont un *langage*, car il nous parlent de la puissance du Très-Haut, de sa sagesse et de sa bonté.

8. Un bon *voisinage* contribue surtout à l'agrément d'une habitation.

9. Les *coquillages* de nos rochers nous disent que la terre a été couverte d'eau.

10. Notre patrie est au ciel; sur la terre, nous sommes en *pèlerinage*.

Je vous dirai à présent les dérivés, et vous aurez les radicaux à retrouver.

2. — Continuation.

Nous reviendrons aux dérivés formés par la terminaison *age*. Pour la recevoir, les radicaux subissent quelquefois un changement plus ou moins notable; d'autres fois leurs finales muettes deviennent sonores par cette addition, et c'est là un moyen de les découvrir. Ceci n'est-il pas d'une grande importance pour l'orthographe ?...

Les exercices dans cette leçon, ainsi que dans toutes celles qui suivront, seront les mêmes que ceux de la précédente. Ce que vous aurez de plus à faire, ce sera d'épeler le radical et d'indiquer le changement qu'il aura subi par la dérivation.

1. Le témoin,	le témoignage.	9. Le pas,	le passage.
2. Une œuvre,	un ouvrage.	10. Le pays,	le paysage.
3. La voie,	le voyage.	11. Le brigand,	le brigandage.
4. La part,	le partage.	12. La pâture,	le pâturage.
5. La corde,	le cordage.	13. La nue,	le nuage.
6. Un enfant,	un enfantillage.	14 Badin,	le badinage.
7. La roue,	le rouage.	15. Eclairer,	l'éclairage.
8. Un ermite,	un ermitage.		

1. Les Apôtres ont scellé leur *témoignage* de leur sang.

2. Notre titre devant Dieu, c'est d'être son *ouvrage*, l'*œuvre* de sa pure bonté.

3. La vie est un *voyage* vers l'éternité, et il s'agit de marcher dans la bonne *voie*.

4. Dans le *partage* de ses bienfaits, le Père commun nous a fait
à chacun notre *part*.
5. Les manœuvres des vaisseaux se font avec des *cordages*.
6. Quand on grandit, il n'est plus temps de faire des *enfantil-
lages*.
7. Le ciel est toujours en mouvement, et où sont les *rouages* ?
8. On vit en *ermite* quand on ne va pas dans le monde.
9. Au détroit de Gibraltar, le *passage* est étroit.
10. La Suisse, coupée de montagnes, de lacs et de rivières, est
un *pays* qui offre à l'œil de beaux *paysages*.
11. Les voleurs de grands chemins s'appellent des *brigands*.
12. Les *pâturages* de la Suisse et de la Hollande fournissent des
fromages estimés.
13. Lorsqu'il pleut, l'arc-en-ciel étale ses belles couleurs sur les
sombres *nuages*.
14. Nos *badinages* ne doivent faire de peine à personne.
15. L'*éclairage* de nos villes se fait aujourd'hui avec un peu de
charbon.
(Reprise des dérivés pour faire retrouver les radicaux.)

3. — Terminaison EUR.

Nous formons aussi une grande quantité de noms
dérivés au moyen de la terminaison *eur*, et ces dérivés
marquent tantôt des personnes, tantôt des choses.
Vous ferez cette distinction dans votre exercice. Mais
cette fois je vous dirai les dérivés, et ce sera à vous
à trouver les radicaux.

1. Un flatteur,	flatter.		9. Le pêcheur,	pêcher.
2. Le vainqueur,	vaincre.		10. L'imitateur,	imiter.
3. Un séducteur,	séduire.		11. Le voyageur,	le voyage.
4. Le Sauveur,	sauver.		12. La douceur,	doux.
5. La grandeur,	grand.		13. Un bienfaiteur,	le bienfait.
6. La blancheur,	blanc.		14. La lenteur,	lent.
7. La laideur,	laid.		15. Le tricheur,	tricher.
8. L'aigreur,	aigre.		16. Un vengeur,	venger.

1. Tout *flatteur* vit aux dépens de celui qui l'écoute.
2. La guerre était si cruelle chez les païens, que les *vainqueurs*
criaient hautement : Malheur aux vaincus !
3. Tu ne saurais faire plus de mal à tes semblables qu'en deve-
nant leur *séducteur*.
4. Le genre humain était assis dans les ombres de la mort, et
le divin *Sauveur* l'en a tiré au prix de sa vie.
5. Dieu seul est *grand*, et l'univers entier nous proclame ses
grandeurs.
6. La *blancheur* du lis est l'emblème de l'innocence sans tache.
7. Le vice est *laid*, et rien au monde ne le surpasse en *laideur*.

8. Aimez-vous qu'en vous parlant les autres mettent de l'*aigreur* dans leurs paroles ?
9. Ce sont des pauvres *pêcheurs* qui, renonçant à la *pêche*, ont porté le flambeau de l'Evangile par toute la terre.
10. Le singe est né pour être *imitateur*, et l'homme pour se conduire d'après sa raison et sa conscience.
11. Le *voyageur* dont la bourse est vide chante devant les voleurs.
12. Je trouve beaucoup de douceur à faire quelque bien à mes semblables et à imiter ainsi la bonté du Père commun.
13. Notre *bienfaiteur* suprême est celui qui nous a appelés du néant à la vie.
14. Ce n'est pas obéir que d'obéir avec *lenteur*.
15. Quelle différence y a-t-il entre le *tricheur* et le voleur ?
16. Il est au ciel un *vengeur* du crime, et, au sortir de la vie, il fera justice.

(Reprise des radicaux pour faire retrouver les dérivés.)

4. — Terminaison ANT.

Nous avons des noms qui se forment en remplaçant par la terminaison *ant* celle des mots dont ils sont dérivés, et cette terminaison n'est guère qu'un changement fait au radical. Tous ces dérivés sont du genre masculin. Il faut bien les distinguer de quelques noms en *an*, qui n'ont point le *t* final, tels que *an, volcan, ruban, van,* etc. Il ne faut pas non plus les confondre avec les adjectifs de même terminaison qui ont un féminin et font à ce genre sonner le *t* final, comme ici : *un charmant enfant, une charmante demoiselle*. Trouvez de semblables exemples...

Cette fois je vous donnerai des noms dérivés en *ant*, et vous aurez les radicaux à trouver ; après quoi vous reprendrez tous les exercices précédents.

1. Le brillant,	briller.	9. Un piquant,	piquer,
2. Le négociant,	le négoce.	10. Un courant,	courir.
3. Un tournant,	tourner.	11. Un représentant,	représenter.
4. Un revenant,	revenir.	12. Un fabricant,	fabriquer.
5. Un penchant,	pencher.	13. Un habitant,	habiter.
6. Un répondant,	répondre.	14. Un pendant,	pendre.
7. Le levant,	lever.	15. Le versant,	verser.
8. Le couchant,	coucher.	16. Le croissant,	croître.

1. Le mâle de la fauvette ne se contente pas de pourvoir aux besoins de sa compagne durant l'incubation, mais il déploie auprès d'elle tout le *brillant* de sa voix.

2. Le *négociant* fait de bonnes affaires quand il a de l'intelli
gence, de la conduite et un capital suffisant.

3. Il se trouve dans les routes des *tournants* rapides où il sera
dangereux d'aller trop vite.

4. Autrefois, au moindre bruit dans les ténèbres, on croya
apercevoir un *revenant*.

5. Il faut combattre de bonne heure tous nos mauvais *penchant*
autrement nous n'en deviendrons plus maîtres.

6. La marmotte des Alpes creuse son terrier sur le *penchant*
la montagne et assez près des glaciers.

7. Certains prêteurs ne se dessaisissent pas de leur argent sa
qu'on leur présente de bons *répondants*.

8. Hier matin, le *levant* était teint de pourpre, et sur le s
nous avons eu de la pluie.

9. On se promet un beau lendemain lorsque le *couchant*
soleil brille de feu et de pourpre.

10. Les hérissons et les porcs-épics sont couverts de *piquants* g
leur servent de défense.

11. On gagne aisément des fluxions et des rhumes quand
s'arrête à un *courant* d'air.

12. Le Sauveur s'est montré parmi nous le *représentant* du Pè
céleste, car il a été sur la terre sa parole vivante, l'ima
de sa bonté et le dépositaire de sa puissance.

13. Les *fabricants* occupent beaucoup d'ouvriers ; mais
ouvriers tombent dans la misère, lorsque la fabriq
manque d'écoulement.

14. L'énorme coquille qu'on nomme bénitier est un *habitant*
la mer des Indes, et il pèse souvent beaucoup au delà
cent kilogrammes.

15. Tout chrétien doit par sa charité faire le *pendant* de son
vin Maître.

16. Assez souvent l'un des *versants* des montagnes est p
escarpé que l'autre.

17. Les musulmans, par suite d'une fable ridicule de leur s
disant prophète, placent le *croissant* sur les turbans com
sur leurs mosquées.

(Reprise des dérivés pour faire retrouver les radicaux.

5. — Terminaison IER.

Nous avons beaucoup de noms dérivés qui prenne
la terminaison *ier*. Cette terminaison se prononce
et le *r* est muet. Ces dérivés sont du genre mascul
Ils désignent tantôt une personne ou un animal, ta
tôt un végétal tantôt simplement une chose. Reco
naissez ces différentes significations dans ces exemple

Le bijou,	le bijoutier.
La figue,	le figuier.
La chandelle,	le chandelier.

Voici des radicaux ; vous indiquerez les dérivés formés par la même terminaison et vous continuerez tous les exercices précédents.

1.	La terre,	le terrier.	9. Le café,	le caféier.
2.	La charpente,	le charpentier.	10. Menu,	le menuisier.
3.	Le coton,	le cotonnier.	11. La faïence,	le faïencier.
4.	La cerise,	le cerisier.	12. Le chapeau,	le chapelier.
5.	La pâte,	le pâtissier.	13. La noix,	le noyer.
6.	L'usure,	un usurier.	14. La poule,	le poulailler.
7.	Le citron,	le citronnier.	15. La mûre,	le mûrier.
8.	Le coco,	le cocotier.	16. Le jardin,	le jardinier.

1. Le renard tient à ce qu'il y ait bonne chère au logis ; car, à l'entrée de son *terrier*, on trouve des débris de geais, de perdrix et de levrauts.

2. Le Sauveur a travaillé longtemps dans la boutique d'un *charpentier*, et c'est ainsi qu'il a honoré le travail de l'homme.

3. Le *cotonnier* est un arbuste des pays chauds, et c'est la gousse de sa graine qui nous fournit le *coton*.

4. Des vols de corneilles vont des villes dans les campagnes faire leurs repas dans les *cerisiers*.

5. Les enfants n'aiment souvent que trop les friandises que font les *pâtissiers*.

6. Les *usuriers* sont de vilains avares qui ne prêtent d'argent qu'à de gros *intérêts*.

7. L'oiseau-mouche attache sur une branche de *citronnier* son nid de coton, étoilé de lichens.

8. Le *cocotier* a des feuilles longues de dix à quinze pieds, et l'un de ses *cocos* fait le repas d'un homme.

9. Le *caféier* nous vient de l'Asie, et nous l'avons transplanté en Amérique.

10. Le *menuisier* fait les menus ouvrages en bois.

11. Le *faïencier* fait des ouvrages en terre qui sont plus délicats et plus précieux que ceux des potiers.

12. Le *noyer* porte des *noix*, le noisetier des noisettes.

13. A l'approche de la nuit, la *poule* s'en retourne à son *poulailler* avec ses poussins.

14. Les vers à soie se nourrissent de la feuille du *mûrier*, et la culture de cet arbre utile a répandu l'aisance dans plusieurs parties de l'Europe.

15. Les *jardiniers* cultivent les fleurs, et les parents ont l'esprit et le cœur de leurs enfants à cultiver.

(Reprise des radicaux pour faire retrouver les dérivés.)

6. — Terminaison IÈRE.

Nous avons des noms en *ier* désignant des hommes, et quand on les applique à des femmes de la même profession, la terminaison masculine prend un *e* muet et devient *ière*, avec un accent grave sur le *e* pénultième ; par exemple : *le meunier, la meunière.* Mais nous passons ici ces noms, pour ne nous occuper que de ceux qui ont toujours la terminaison *ière* avec accent grave, et marquent des choses du genre féminin. Ce sont de ces noms dérivés que je vous dirai. Vous aurez les radicaux à trouver, et vous ferez tous les exercices précédents. Souvenez-vous que quelquefois le radical, se modifiant dans la dérivation, perd un peu sa ressemblance de famille et qu'il faut y regarder de près pour la reconnaître. C'est la signification des mots qui doit nous aider.

1. Le crapaud,	la crapaudière.	9. Le crin,	la crinière.
2. Le riz,	la rizière.	10. Le pepin,	la pépinière.
3. La barre,	la barrière.	11. Le front,	la frontière.
4. Filer,	la filière.	12. Le jarret,	la jarretière.
5. Chaud,	la chaudière.	13. Le lin,	la linière.
6. La main,	la manière.	14. La fourmi,	la fourmilière.
7. Le tabac,	la tabatière.	15. La tourbe,	la tourbière.
8. Le sel,	la salière.		

1. Les mares d'eau stagnante deviennent bientôt des *crapaudières*, d'où se font entendre des coassements peu agréables.
2. Il y a beaucoup de *rizières* aux Indes, parce que les habitants s'y nourrissent de *riz.*
3. Il n'y a pas de *barrière* pour la pensée, qui se meut librement de la terre au ciel, dans le passé et dans l'avenir.
4. Les araignées ont par derrière des mamelons troués qui leur servent de *filières* pour produire leur soie
5. Saint Jean est sorti intact de la *chaudière* d'huile bouillante.
6. On ne se fait pas aimer par de mauvaises *manières.*
7. On met souvent beaucoup trop de luxe dans les *tabatières.* L'usage du *tabac* ne convient pas aux enfants.
8. On n'oublie guère les *salières* en mettant le couvert.
9. La *crinière* donne aux lions un air majestueux.
10. Nos *pépinières* ont pris leur nom de *pepins* qu'on y sème et que l'on remplace quelquefois par des sauvageons.
11. Les États exigent des péages aux *frontières*, pour subvenir aux dépenses publiques.
12. Il y a en Angleterre un ordre de la *Jarretière* qu'un roi a fondé avec la devise : Honni soit qui mal y pense.
13. Une *linière* en fleur est agréable à voir.
14. Paresseux, allez vers une *fourmilière* apprendre à travailler et à gagner votre vie.
15. Les *tourbières* sont comme des forêts souterraines que la Providence nous a préparées.
    (Reprise des dérivés pour faire retrouver les radicaux.)

7. — Terminaison ERIE,

D'autres noms féminins désignant aussi des choses ont la terminaison *erie* au lieu de *ière*. Je vais vous en dire, et vous continuerez les exercices précédents. Ce sera à vous à trouver les radicaux.

1. La bergerie,	le berger.	8. La fourberie,	fourbe.
2. Une espièglerie,	espiègle.	9. Une tapisserie,	un tapis.
3. La brusquerie,	brusque.	10. La loterie,	le lot.
4. La bouderie,	bouder.	11. La sorcellerie,	un sorcier.
5. Une étourderie,	étourdi.	12. Une singerie,	un singe.
6. L'ivrognerie,	un ivrogne.	13. Les sucreries,	sucre.
7. La gloutonnerie,	un glouton.	14. La boucherie,	le boucher.

1. Les *bergeries* et les animaux des champs ne courent jamais de plus grands dangers que lorsque la louve a ses petits à nourrir.
2. On passe aux enfants les *espiègleries* où se montre l'esprit sans malice.
3. Regarde cet enfant qui *boude*, et dis-moi si la *bouderie* est quelque chose d'aimable et de beau.
4. Ne te permets pas les *brusqueries*, car tu ne les aimes pas chez les autres.
5. Tu me prouves par les *étourderies* que tu n'as pas de tête.
6. L'*ivrognerie* est un vice dégoûtant, qui met l'homme au-dessous de la bête.
7. Ne dirait-on pas que ce *glouton* n'est au monde que pour boire et manger?
8. Qui s'est fait connaître par quelque *fourberie*, ne mérite plus qu'on ajoute foi à ses paroles.
9. Une prairie émaillée de fleurs est de toutes les *tapisseries* la plus riante.
10. La *loterie* est un jeu ruineux, où le plus grand nombre perdent ce qu'ils ont et n'obtiennent pas le *lot* qu'ils se sont promis.
11. Depuis qu'on ne brûle plus les *sorciers*, on n'entend plus parler de *sorcellerie* et de sabbats.
12. Il ne sied qu'aux *singes* de faire des *singeries*.
13. Les *sucreries* peuvent flatter les palais des enfants, mais elles leur gâtent l'estomac et les dents.
14. Les martyrs allaient aux supplices comme des agneaux que l'on conduit à la *boucherie*.
    (Reprise des radicaux pour faire retrouver les dérivés.)

8. — Terminaison ER.

Vous savez que le plus grand nombre de nos verbes se terminent par *er* à l'infinitif, et que cette terminaison se prononce *é*, sans que l'on entende le *r*, sauf dans la liaison. Nous avons aussi des noms dérivés qui prennent cette terminaison, et où le *r* final ne se distingue que dans l'écriture. Ces noms sont du genre masculin. Il s'agira d'en trouver pour les radicaux que je vais vous dire. Vous continuerez sur chaque mot les exercices accoutumés.

1. La bouche,	le boucher.	8. Une horloge,	un horloger.
2. La cloche,	le clocher.	9. Une orange,	l'oranger.
3. La ruche,	le rucher,	10. La vache,	le vacher.
4. La planche,	le plancher.	11. Un arc,	un archer.
5. Le coche,	le cocher.	12. Le roc,	le rocher.
6. La bûche,	le bûcher.	13. Le message,	le messager.
7. La pêche,	le pêcher.	14. Le passage,	le passager.

Nous avons plusieurs radicaux de cette terminaison qui sont en même temps des noms et des infinitifs de verbes ; par exemple : le *lever*, le *coucher*. Vous en trouverez d'autres...

1. Sauriez-vous pourquoi on a formé du nom *bouche* le nom *boucher* ?
2. La foudre est attirée sur les *clochers*, quand on met les *cloches* en branle pendant les orages.
3. Le *rucher* de notre voisin de campagne est garni de *ruches* pleines d'abeilles.
4. Les appartements des riches ont des parquets, tandis que le logis des pauvres n'a que de simples *planchers* qui ont la même utilité.
5. Le nom de *coche* passe de mode, celui de *cocher* continue d'être employé.
6. Quand l'Évangile règnera aux Indes, les veuves n'iront plus se faire brûler vives sur le *bûcher* de leurs maris.
7. Le *pêcher* nous a été apporté de la Perse par des généraux romains.
8. Il n'y a pas d'*horloge* sans *horloger*, et comment y aurait-il un monde sans Dieu ?
9. L'*oranger* porte en même temps des fruits mûrs, des fruits verts et des fleurs.
10. Les *vachers* de la Suisse conduisent leurs *vaches* sur les Alpes au printemps, et c'est là qu'ils fabriquent leurs meilleurs fromages.
11. L'*arc* était une arme en usage avant l'invention de la poudre ; à présent la profession d'*archer* n'existe plus.
12. Le *rocher* est un *roc* haut, escarpé.
13. Le *messager* doit-il être battu pour les mauvais *messages* qu'il porte sans le savoir ?

14. Sur les bateaux à vapeur, les *passagers* trouvent tous les agréments de la vie.

(Reprise des dérivés pour faire retrouver les radicaux.)

9. — Terminaison MENT.

Nous avons beaucoup de noms dérivés qui se forment au moyen de la terminaison *ment* ajoutée à leurs radicaux, qui sont ordinairement des verbes. Ces noms sont du genre masculin. Je vais vous en dire. Vous aurez leurs racines à trouver, et tout le reste se fera comme de coutume.

1. Le bêlement,	bêler.	9. Le bâtiment,	bâtir.
2. Le châtiment,	châtier.	10. Le rugissement,	rugir.
3. Le gazouillement,	gazouiller.	11. Le traitement,	traiter.
4. Le contentement,	contenter.	12. Le hurlement,	hurler.
5. Le vêtement,	vêtir.	13. Le dévouement,	dévouer.
6. Le divertissement,	divertir.	14. Le soulagement,	soulager.
7. Le roulement,	rouler.	15. Le mugissement,	mugir.
8. Un ornement,	orner.		

1. Je vis rentrer le soir le troupeau de brebis, et j'écoutai le *bêlement* des jeunes agneaux qui se pressaient autour de leurs mères.
2. La honte et la crainte suivent le péché de près, et c'est là son premier *châtiment*.
3. Que j'aime à entendre le *gazouillement* des petits oiseaux qui viennent d'éclore dans leur nid !
4. *Contentement* passe richesse, dit le proverbe, et il est vrai.
5. La teigne des draps ronge nos *vêtements* ; mais ce n'est que pour se couvrir avec la même laine que nous avons dérobée à d'autres animaux.
6. Rome païenne avait pour *divertissement* des cirques où des milliers de gladiateurs se tuaient pour amuser les spectateurs.
7. Les *roulements* du tonnerre se nommaient, chez les Hébreux, la voix de Dieu dans les nues.
8. Savez-vous quel est le plus bel *ornement* de l'homme, et le plus durable ?
9. L'univers est un immense *bâtiment*, et il n'y a pas de bâtiment sans architecte.
10. Ce n'est qu'après le coucher du soleil que le lion fait entendre ses *rugissements* au désert.
11. On doit souffrir sans se plaindre les *traitements* qu'on a fait subir aux autres.
12. Les singes hurleurs poussent, au lever et au coucher du soleil, des *hurlements* que l'on entend à plus d'une demi-lieue à la ronde.
13. Avec notre existence commence le *dévouement* de nos mères, que n'égale aucun autre dévouement.

14. Qui ne donne pas, dans l'occasion, de *soulagement* à ses semblables, ne mérite pas d'être *soulagé* dans ses maux.
15. Je n'ai pas encore entendu les *mugissements* de la mer en courroux.

(Reprise des radicaux pour faire retrouver les dérivés.)

10. — Terminaison ÉE.

Les noms dérivés au moyen de la terminaison *ée* sont du genre féminin, comme la terminaison même l'annonce. Leurs radicaux sont des noms et des verbes. Je vous dirai les verbes au présent, première personne, parce que les infinitifs en *er* se confondent pour l'oreille avec la terminaison qui va nous occuper. Vous continuerez tous les exercices précédents.

1. Le nid,	la nichée.	9. Le bec,	la becquée.
2. Le jour,	la journée.	10. Je fume,	la fumée.
3. J'entre,	l'entrée.	11. Le chemin,	la cheminée.
4. Je pense,	la pensée.	12. Elle couve,	la couvée.
5. La mer,	la marée.	13. Je veille,	la veillée.
6. J'arrive,	l'arrivée.	14. Je dure,	la durée.
7. Le poing,	la poignée.	15. Le gel,	la gelée.
8. Le soir,	la soirée.		

1. Ce petit polisson va prendre les *nids* d'oiseaux et s'amuse ainsi à détruire les *nichées*.
2. A la mort, notre *journée* aura fini sur la terre, et nous irons chercher ailleurs son salaire.
3. A l'*entrée* de l'hiver, les marmottes se creusent un profond terrier où elles vont passer la saison dans le sommeil.
4. La *pensée* n'est pas le produit de l'insensible matière, elle est le noble enfant de l'esprit.
5. La *marée*, en se retirant, laisse sur le sable des coquillages qui souvent sont très-remarquables par leur forme et leurs couleurs.
6. Avant l'*arrivée* du Sauveur, les hommes ne connaissaient pas le Père commun qu'ils ont au ciel.
7. Souvent une *poignée* d'hommes animés de l'amour de la patrie et de la justice ont mis une armée en déroute.
8. La vieillesse d'un homme de bien est la *soirée* d'un beau jour.
9. Les petits oiseaux dans leur nid aperçoivent leur mère de loin, et ouvrent un large *bec* pour recevoir la *becquée*.
10. Au fond, qu'est-ce que la gloire? Une *fumée* qui ne peut pas nourrir l'homme.
11. Les volcans sont comme des *cheminées* par où s'échappent les feux souterrains avec les matières qu'ils arrachent aux profondeurs de la terre.

12. On ne saurait trop admirer l'instinct qui retient l'oiseau volage si patiemment attaché sur sa *couvée*.
13. Les campagnards passent la *veillée* en famille autour de l'âtre commun.
14. Notre vie dépend de tant de choses, que sa *durée* ne peut être que bien incertaine.
15. La *gelée* détruit bien des espérances.
(Reprise des dérivés pour faire retrouver les radicaux.)

11. — Terminaison ESSE.

Esse est une autre terminaison de dérivés féminins, et c'est sur elle que rouleront vos exercices. Les radicaux sont ici des adjectifs, que vous devez trouver avant tout.

1. La faiblesse,	faible.	9. La sagesse,	sage.
2. La tristesse,	triste.	10. La vieillesse,	vieil.
3. La gentillesse,	gentil.	11. La mollesse,	mol.
4. La noblesse,	noble.	12. La vitesse,	vite.
5. La justesse,	juste.	13. La bassesse,	bas.
6. La délicatesse,	délicat.	14. L'adresse,	adroit.
7. La tendresse,	tendre.	15. La petitesse,	petit.
8. La politesse,	poli.	16. Les richesses,	riche.

1. Se laisser aller à la colère, ce n'est pas faire preuve de force, mais de *faiblesse*.
2. Pour guérir la *tristesse* de son petit enfant, la mère lui donne des hochets qui tarissent ses larmes.
3. Le titi, petit singe d'un jaune doré, a la *gentillesse* d'un enfant, sa physionomie, son sourire et ses larmes.
4. La *noblesse* est dans la charité chrétienne, qui associe l'homme à son Dieu.
5. Il faut de la *justesse* dans les poids et les mesures, autrement on devient voleur.
6. Si la taupe distingue tout au plus la lumière de l'obscurité, son ouïe est en revanche d'une *délicatesse* extrême et lui sert d'œil.
7. Qu'importe la fatigue à la *tendresse* d'une mère, quand elle vit dans son enfant et non dans elle-même?
8. La véritable *politesse* est celle que nous dicte un cœur honnête et bienveillant.
9. L'obéissance à son père et à sa mère est chez l'enfant le commencement de la *sagesse*.
10. La beauté vieillit; la bonté ne connaît pas la *vieillesse*.
11. Les mollusques tirent le nom de la complète *mollesse* de leur corps.
12. Notre terre et les autres planètes du premier ordre voyagent autour du soleil avec une incroyable *vitesse*.
13. Il n'y a de *bassesse* que dans des sentiments *bas* et une conduite vile.

14. On dit que quelqu'un est *adroit* comme un singe, quand il montre de l'*adresse* dans l'usage qu'il fait de son corps.
15. Les animaux microscopiques sont si *petits* qu'on ne les découvre bien qu'avec des verres qui grossissent les objets un très-grand nombre de fois.
16. Les véritables *richesses* sont celles que l'on emporte avec soi au delà du tombeau.

(Reprise des radicaux pour faire retrouver les dérivés.)

12. — Terminaison ON non précédée de I.

Beaucoup de mots prennent dans la dérivation la terminaison *on* sans qu'elle soit précédée d'un *i*. Entre ces dérivés il y a une différence. Les uns s'appellent des *diminutifs*, parce qu'ils diminuent ou rapetissent la signification du radical. Par exemple, le nom *aigle* marque le roi des oiseaux dans tout son développement : en remplaçant l'*e* muet de ce mot par la terminaison *on*, nous aurons *aiglon* ou jeune aigle qui n'a pas encore fait sa crue. Regardez :

Un aigle, un aiglon.

Aiglon est devenu par sa terminaison le diminutif du nom *aigle*. Cependant la terminaison *on* ne marque pas toujours un diminutif. En faisant vos exercices ordinaires sur les noms que je vais vous dire, vous aurez soin de noter la différence, quand elle se présentera.

1. Trahir,	la trahison.	9. Le tronc,	le tronçon.
2. Guérir,	la guérison.	10. Le pied,	le piéton.
3. Une corbeille,	un corbillon.	11. La puce,	le puceron.
4. Fleurir,	la floraison.	12. Lier,	la liaison.
5. Boire,	la boisson.	13. La mouche,	le moucheron.
6. Nourrir,	le nourrisson.	14. La forge,	le forgeron.
7. Faire,	la façon.	15. L'aiguille,	l'aiguillon.
8. Brandir,	le brandon.		

1. Toujours la *trahison* retombe sur le traître.
2. Tous les malades qui s'adressaient avec confiance au divin Maître obtenaient au moment même leur *guérison*.
3. La fillette a cueilli un *corbillon* de fraises, pour en apporter le prix à sa pauvre mère.
4. Les tilleuls et beaucoup d'arbustes parfument l'air dans le temps de leur *floraison*.

5. Les *boissons* enivrantes tuent incomparablement plus d'hommes que la guerre et d'autres fléaux.

6. Si une mère pouvait oublier son *nourrisson*, notre Père d'en haut ne nous oublierait pas.

7. Dans une foule d'objets, la matière coûte moins cher que a *façon*.

8. L'homme qui jette un *brandon* de discorde parmi ses semblables joue le rôle d'un mauvais génie.

9. Un *tronçon* de ver produit un individu complet, comme une branche de peuplier plantée en terre devient avec le temps un arbre de même espèce.

10. Jeune cavalier, vieux *piéton*, dit le proverbe, pour indiquer les dangers qui menacent fréquemment la vie des cavaliers.

11. Les *pucerons* dévorent les légumes de nos jardins, et l'on a de la peine à s'en défendre.

12. On risque de former de mauvaises *liaisons*, quand on se lie à des personnes que l'on ne connaît pas bien.

13. Les araignées sucent les *moucherons* qu'elles prennent dans leurs filets.

14. Le *forgeron* ne blanchit pas devant sa *forge*.

15. Les abeilles et les guêpes ont pour défense des *aiguillons* qui font de douloureuses blessures.

(Reprise des dérivés pour faire retrouver les radicaux.)

13. — Terminaison TION.

La terminaison qui sonne à l'oreille *sion* s'écrit le plus souvent par *t* au lieu de s'écrire par *s*. Les noms dérivés qui ont cette terminaison sont tous du genre féminin. Reprenez les exercices précédents. Je vous dirai les radicaux.

1. Nager,	la natation.	9. Naviguer,	la navigation.
2. Protéger,	la protection.	10. Prétendre,	une prétention.
3. Séduire,	la séduction.	11. Corriger,	la correction.
4. Imiter,	l'imitation.	12. Rétribuer,	la rétribution.
5. Produire,	la production.	13. Diriger,	la direction.
6. Imaginer,	l'imagination.	14. Distribuer,	la distribution.
7. Propager,	la propagation.	15. Conserver,	la conservation.
8. Instruire,	une instruction.	16. Agir,	une action.

1. La loutre de mer donne à son petit de véritables leçons de *natation*, et le prend sur son dos quand il est fatigué.

2. Dieu protége ceux qui cherchent le bien, et ils peuvent compter sur sa *protection*.

3. La *séduction* est le plus grand mal que vous puissiez faire à votre prochain.

4. L'*imitation* du Sauveur est le devoir d'un chrétien, sa gloire et son espérance.

5. L'industrie humaine est parvenue à multiplier et à améliorer les *productions* de la terre.

6. On a donné à l'*imagination* le nom de *folle de la maison*, et pourquoi cela ?

7. La *propagation* de l'Evangile n'est pas l'œuvre de l'homme abandonné à lui-même, mais elle est l'œuvre du Ciel.

8. Les animaux supérieurs donnent aussi une *instruction* à leurs petits, et elle consiste dans l'exemple.

9. La *navigation* a mis les hommes en rapport avec tout le globe, dont chacun d'eux n'habite qu'un point.

10. *Prétendre* jouir du bien public sans y mettre du vôtre, ce serait une *prétention* aussi ridicule qu'injuste.

11. Les jeunes phoques sont conduits à la mer par leurs parents, et si l'un commet quelque faute, il est mordu en guise de *correction*.

12. Viendra le grand jour des *rétributions* où le Juge suprême traitera chacun selon son mérite.

13. Nous sommes toujours sous la *direction* du Créateur, car la conscience est son oracle au sein de l'homme.

14. Les abeilles s'entendent dans la *distribution* des travaux, tout comme si elles pouvaient se parler.

15. C'est à cause du nombre immense de graines, qu'en dépit de tous les accidents il en reste toujours assez pour la *conservation* de toutes les espèces.

16. Nos *actions* mauvaises sont les fruits amers de nos mauvaises pensées.

(Reprise des dérivés pour faire retrouver les radicaux.)

14. — Terminaisons SSION et SION.

La diphthongue finale *ion* est aussi très-souvent précédée de *s* simple ou double. C'est l'usage et l'étymologie qui apprennent quand il faut écrire ainsi. Mais lorsque, avant la finale *ion*, vous entendez l'articulation *z*, alors, par une irrégularité de la langue, il faut écrire *s* en place de *z*. Cette fois je vous donnerai les dérivés ; vous trouverez les radicaux, et tout le reste se fera comme à l'ordinaire.

1. Passion,	pâtir.	9. Confession,	confesser.
2. Cession,	céder.	10. Conclusion,	conclure.
3. Vision,	voir.	11. Réclusion,	reclure.
4. Confusion,	confondre.	12. Extension,	étendre.
5. Impression,	imprimer.	13. Succession,	succéder.
6. Expression,	exprimer.	14. Possession,	posséder.
7. Expulsion,	expulser.	15. Compassion,	compatir.
8. Conversion,	convertir.	16. Permission,	permettre.

1. Gardez-vous de prêter au Dieu trois fois saint les coupables *passions* des hommes.

L'innocent ne doit pas *pâtir* pour les coupables.

2. Je *cède* volontiers mes jouets à ma petite sœur.
Le voisin nous a fait *cession* de ce morceau de terre pour y établir notre jardin.
3. La *vision* est une merveille que nous ne connaissons qu'en partie.
4. Quelle sera la *confusion* des méchants quand leurs iniquités seront mises au grand jour!
5. Les enfants sont comme de la cire et prennent facilement les *impressions* bonnes ou mauvaises qu'ils reçoivent.
6. Nos paroles doivent toujours être une fidèle *expression* de nos pensées.
Ne pouvons-nous *exprimer* nos pensées que par des paroles?
7. Dans toute école bien réglée, un élève incorrigible est condamné à l'*expulsion.*
8. La *conversion* de l'apôtre saint Paul est un grand prodige qu'on ne saurait révoquer en doute.
9. Le bon larron a fait sur la croix la *confession* de son crime, et il en a obtenu le pardon.
10. Quand on se presse de juger des choses, on tire souvent de fausses *conclusions.*
11. Le coupable a été condamné à une longue *réclusion.*
12. Les enfants sont sujets à donner à leurs récréations plus d'*extension* qu'il ne convient.
13. Entre les tropiques, il y a sur les arbres et les arbustes une *succession* continuelle de fleurs nouvelles et de nouveaux fruits.
14. Les enfants cupides voudraient être en *possession* de tout ce qui leur plaît.
15. Le chien montre souvent plus de *compassion* que bien des enfants et des grandes personnes.
Le Sauveur *compatissait* aux maux de tous les malheureux.
16. Ce n'est pas par défaut de bonté qu'un père et une mère refusent une *permission* à leurs enfants.

On emploie quelquefois la lettre *x* devant la diphthongue *ion ;* par exemple dans l'écriture des mots : *fluxion, flexion, réflexion,* etc.

(Reprise des radicaux pour faire retrouver les dérivés.)

15. — Terminaison TÉ.

Les adjectifs nous fournissent beaucoup de noms dérivés au moyen de la terminaison *té,* et ces noms sont tous du genre féminin. Rarement cette terminaison se joint immédiatement à l'adjectif tel qu'il est. Souvent, pour la recevoir, l'adjectif même subit à la fin quelque changement, ou bien il se trouve quelques lettres intercalées entre l'adjectif et la terminaison. C'est ce que vous aurez aussi à relever dans vos exercices.

1. Sain,	la santé.	10. Habile,	l'habileté.
2. Saint,	la sainteté.	11. Cruel,	la cruauté.
3. Divin,	la divinité.	12. Extrême,	l'extrémité.
4. Obscur,	l'obscurité.	13. Pervers,	la perversité.
5. Beau,	la beauté.	14. Captif,	la captivité.
6. Brutal,	la brutalité.	15. Digne,	la dignité.
7. Cher,	la charité.	16. Crédule,	la crédulité.
8. Maternel,	la maternité.	17. Curieux,	la curiosité.
9. Humain,	l'humanité.	18. Mûr,	la maturité.

Quelquefois le même adjectif fournit deux noms dérivés en *té* avec une signification différente que la dérivation indique. C'est ainsi que l'adjectif *propre*, mot à double sens, fournit les deux noms *propreté* et *propriété*. Trouvez la différence...

1. La *santé* du corps est précieuse, mais celle de l'âme l'est incomparablement plus.
2. La *sainteté* de Dieu ne voit rien d'assez pur dans le monde entier.
3. L'homme est plus cher à la *Divinité* qu'il ne l'est à lui-même.
4. L'innocence seule ose se montrer au grand jour ; le vice, toujours honteux, recherche l'*obscurité*.
5. La *beauté* du corps se flétrit bientôt comme la fleur de nos champs ; celle de l'âme est à l'abri de toute altération.
6. La *brutalité* nous met au rang des *brutes*, qui n'ont pas plus de cœur que de raison.
7. Aux yeux de la *charité*, tous les hommes sont *frères*, parce qu'ils sont tous les enfants du Père commun.
8. La plupart des insectes ne reçoivent pas les soins *maternels*, mais le Créateur supplée autrement à la *maternité*.
9. L'*humanité* doit être le partage des hommes, comme la férocité est celui des bêtes carnassières.
10. Le nautile manœuvre avec une admirable *habileté* dans sa coquille, pour arriver sur l'eau et pour naviguer à sa surface.
11. Les enfants, dans leur ignorance ou leur légèreté, commettent souvent des *cruautés* sur de pauvres petites bêtes.
12. La mouette construit une véritable barque pour nicher, l'attache par l'une de ses *extrémités* à un roseau et la laisse flotter.
13. La bonté divine n'a d'autres limites que celles que lui donne la *perversité* des hommes.
14. Les petits de quelques oiseaux tombent-ils en *captivité*, on voit leurs parents s'inquiéter encore d'eux.
15. N'oublie jamais ta *dignité*, car tu portes en toi l'image de ton Dieu.

16. Il n'y a pas de gloire à tromper la *crédulité* d'autrui.
17. Le ver luisant causait autrefois de grandes frayeurs ; il n'est plus de nos jours qu'un objet de *curiosité*.
18. Lorsque la graine de quelques plantes est arrivée à sa *maturité*, son enveloppe élastique s'ouvre et la lance au loin.

(Reprise des dérivés pour faire retrouver les radicaux.)

16. — Terminaison URE.

Nous avons aussi beaucoup de noms dérivés qui ont la terminaison féminine *ure* jointe au radical de différentes manières. Vous verrez cela en reprenant vos exercices sur les mots suivants. Vous ne trouverez quelquefois qu'une légère ressemblance entre le dérivé et son radical ; mais leur signification y suppléera, comme partout ailleurs.

1. La parure,	parer.	10. Une ouverture,	ouverte.
2. La peinture,	peindre.	11. Une bouture,	le bout.
3. Une blessure,	blesser.	12. La droiture,	droit.
4. La moisissure,	moisir.	13. La torture,	tordre.
5. La créature,	créer.	14. La clôture,	clore.
6. La verdure,	vert.	15. La nourriture,	nourrir.
7. La pâture,	paître.	16. La doublure,	double.
8. Une serrure,	serrer.	17. La salure,	saler.
9. La nature,	naître.	18. La lecture,	lire.

1. Une belle *parure* sera moins gâtée par la boue que par de mauvaises mœurs.
2. La *peinture* ne peut rendre l'éclat de l'aurore ou d'un coucher de soleil.
3. L'ingratitude est une *blessure* mortelle qu'un enfant indocile fait au cœur de son père et de sa mère.
4. La *moisissure* qui se forme sur les fruits trop mûrs, sur les liquides, le pain et ailleurs, est une véritable végétation.
5. Je suis une *créature*, car je n'étais pas, et la bonté du Créateur m'a tiré du néant.
6. La violette, qui aime à se cacher sous la *verdure*, a toujours été l'emblème de l'aimable modestie.
7. Qui n'a pas entendu le petit cri des jeunes moineaux demandant la *pâture* à leurs parents ?
8. C'est pour *serrer* toute espèce d'effets et les mettre en sûreté que l'on a inventé les *serrures*.
9. Nous appelons *nature* tout ce que nous voyons, parce que le Créateur a tout fait *naître* à son commandement.
10. Le bouvreuil ne manque jamais de placer l'*ouverture* de son nid du côté le moins exposé au vent.
11. Les plantes ne viennent pas seulement de graines, mais aussi de *boutures*.

12. Un homme *droit* dans le commerce de la vie croit retrouver la *droiture* chez ses semblables.

13. La cruelle *torture* a fait mettre à mort une foule d'innocents.

14. Si tout le monde respectait la propriété d'autrui, nous n'aurions pas besoin de *clôture* pour la défendre.

15. Les singes apprennent à leurs petits la manière de dérober adroitement leur *nourriture*.

16. Fin contre fin ne vaut rien pour *doublure*, dit le proverbe.

17. La mer ne nous fournit pas seulement du poisson, mais encore le *sel* pour le *saler*.

18. Le pain nourrit le corps, de bonnes *lectures* nourrissent l'âme.

(Reprise des dérivés pour faire retrouver les radicaux.)

17. — Terminaisons ANCE et ENCE.

L'une de ces terminaisons s'écrit par *a*, l'autre par *e*, et toutes deux fournissent beaucoup de noms dérivés. Elles s'ajoutent à des adjectifs terminés en *ant* avec un *a*, ou en *ent* avec un *e*. Le *t* disparaît et se remplace par la syllabe féminine *ce*. Une fois que l'on connaît la terminaison de l'adjectif, on connaît aussi celle du nom, et réciproquement. Voici des adjectifs de cette classe ; trouvez les noms qui en dérivent, et poursuivez les exercices précédents.

1. Suffisant,	la suffisance.	10. Indifférent,	l'indifférence.
2. Croissant,	la croissance.	11. Présent,	la présence.
3. Ignorant,	l'ignorance.	12. Indulgent,	l'indulgence.
4. Naissant,	la naissance.	13. Innocent,	l'innocence.
5. Constant,	la constance.	14. Intelligent,	l'intelligence.
6. Confiant,	la confiance.	15. Clément,	la clémence.
7. Surveillant,	la surveillance.	16. Différent,	la différence.
8. Tempérant,	la tempérance.	17. Patient,	la patience.
9. Obéissant,	l'obéissance.	18. Diligent,	la diligence.

1. Rien ne sied moins à l'enfant que cette sotte *suffisance* qui ose manifester les plus ridicules prétentions.

2. Ceux qui sèment et qui plantent ne font rien en comparaison de celui qui donne la *croissance*.

3. L'*ignorance* est toujours prête à s'admirer, lors même qu'elle ne dit ou ne fait que des sottises.

4. Les diverses industries que nous admirons dans les animaux datent de leur *naissance*; car elles se trouvent là avant toute expérience et toute leçon.

5. Qui n'admirerait pas la *constance* avec laquelle l'oiseau couve ses œufs, lui qui est une créature si mobile et si légère ?

6. L'homme a raison d'avoir *confiance* en son chien, car c'est

un compagnon, un gardien, un serviteur fidèle que le Ciel lui a donné.

7. Le coucou, qui dépose son œuf dans un nid étranger, exerce dans le voisinage une constante *surveillance* sur son petit qui va éclore.
8. Ne t'écarte jamais de la *tempérance*; autrement, la bête tuerait l'homme en toi, et la bête finirait par se tuer elle-même.
9. Le devoir du citoyen est dans l'*obéissance* aux lois de son pays.
10. L'*indifférence* est pour les cœurs ce que l'hiver est pour la terre.
11. Vivons dans l'innocence, car nous sommes partout en *présence* de Dieu.
12. Comment refuser d'être *indulgent* envers tes semblables, quand toi-même tu as toujours besoin de leur indulgence ?
13. Le méchant a un juge dans le ciel et l'*innocence* un père.
14. La nature est un livre toujours ouvert pour développer l'*intelligence* de l'homme.
15. La *clémence* a raison, et la colère a tort.
16. Quelle *différence* de taille entre l'oiseau-mouche, qui n'est pas plus gros qu'une abeille, et le condor du Chimborazo, dont les ailes ont près de quatre mètres d'envergure !
17. Il n'y a pas d'or pour payer la *patience* d'une mère auprès de ses petits enfants.
18. La *diligence*, qui ne se laisse pas rebuter dans son travail, finira toujours par obtenir des succès.
   (Reprise des dérivés pour retrouver les radicaux.)

18. — Terminaisons OIR et OIRE.

Nous avons des noms dérivés qui prennent deux terminaisons semblables à l'oreille ; l'une est en *oir* masculin, et l'autre en *oire* féminin. C'est la connaissance du genre qui doit ici vous conduire. Vous noterez la différence dans vos exercices accoutumés. Ce sera à vous à indiquer les radicaux, verbes ou noms.

1. Une armoire,	une arme.	9. La balançoire,	balancer.
2. Un arrosoir,	arroser.	10. La bassinoire,	bassiner.
3. Un semoir,	semer.	11. Le grattoir,	gratter.
4. Un comptoir,	compter.	12. Le miroir,	mirer.
5. Une écumoire,	écumer.	13. Un abreuvoir,	abreuver.
6. Une nageoire,	nager.	14. Le chauffoir,	chauffoir.
7. Un laminoir,	laminer.	15. Un éteignoir,	éteindre.
8. Le crachoir,	cracher.		

1. Nous avons aujourd'hui des *armoires* pour serrer autre chose que des *armes*.

2. Les nuages sont les *arrosoirs* dont le Créateur se sert pour *arroser* nos campagnes.

3. Les *semoirs* sont de nouveaux instruments d'agriculture.

4. Le négociant passe beaucoup de temps dans son *comptoir*, parce qu'il a beaucoup de *comptes* à faire.

5. Dans les États civilisés, la police est une espèce d'*écumoire* qui enlève l'*écume* de la population.

6. Les *nageoires* sont pour les poissons ce que les ailes sont pour les oiseaux.

7. On passe l'or, l'argent et le cuivre par le *laminoir* pour en faire des lames.

8. Les campagnards *crachent* sur le plancher; ce n'est pas chez eux qu'il faut chercher des *crachoirs*.

9. Les enfants aiment beaucoup les *balançoires*, parce qu'ils ont du plaisir à s'y balancer.

10. Dans les hospices, on fait un grand usage de *bassinoires* pour chauffer les lits des pauvres malades.

11. Il n'y a pas de *grattoir* pour effacer le mal que l'on a fait.

12. Si tu as peur de te trouver des défauts, il faut casser ton *miroir*, au lieu de t'y mirer.

13. Lorsqu'on mène les brebis à l'*abreuvoir*, les agneaux y viennent aussi avec leurs mères, en bêlant.

14. Dans les hivers rigoureux, la charité établit des *chauffoirs* pour les pauvres qui n'ont pas de quoi se chauffer chez eux.

15. On peut comparer les ennemis de l'instruction à des *éteignoirs* qui étouffent la lumière.

(Reprise des radicaux pour faire retrouver les dérivés.)

19. — Terminaison ADE.

Les noms dérivés au moyen de la terminaison *ade* sont féminins. Ils deviendront aujourd'hui le sujet de vos exercices d'usage.

1. La colonne,	la colonnade.	9. La face,	la façade.
2. Promener,	la promenade.	10. L'œil,	l'œillade.
3. La croix,	la croisade.	11. Braver,	une bravade.
4. Le fanfaron,	une fanfaronnade.	12. Le soir,	la sérénade.
5. Ruer,	une ruade.	13. Le limon,	la limonade.
6. Masquer,	la mascarade.	14. Le balustre,	la balustrade.
7. Le bourg,	la bourgade.	15. Le pain,	une panade.
8. Parer,	la parade.	16. Le sel,	la salade.

1. Les demeures que les fourmis s'établissent dans de vieux troncs d'arbre se composent de plusieurs étages, avec des plafonds de l'épaisseur d'une carte et supportés par une élégante *colonnade*.

2. On peut faire de très-longues *promenades* sans quitter sa place, et comment ?

3. Avant les *croisades*, on ne connaissait en Europe ni la petite vérole ni la lèpre.

4. On se fait moquer de soi par des *fanfaronnades*.
5. N'allez pas vous placer derrière un cheval, un mulet ou un âne, car vous pourriez recevoir une *ruade*.
6. Il y a des *mascarades* partout où les méchants prennent le *masque* de la bonté.
7. Bethléem, patrie du roi David et du Sauveur, n'était qu'une *bourgade* de la Palestine.
8. On fait quelquefois *parade* du bien d'autrui ; c'est le geai qui se *pare* des plumes du paon.
9. De belles *façades* couvrent quelquefois de tristes demeures, et elles peuvent être un emblème de la fausseté.
10. Les *œillades* sont quelquefois un moyen de s'entendre sans parler.
11. Les *bravades* ne conviennent à personne, moins encore à un enfant si peu instruit, si faible et si pauvre.
12. Les *sérénades* sont des concerts de voix et d'instruments qui se font entendre le soir ou la nuit.
13. La *limonade* se fait avec le jus de *limon*, et fournit une boisson rafraîchissante.
14. Les *balustrades* forment un ornement, tout en servant de points d'appui et en empêchant les chutes.
15. La *panade* est une nourriture légère que l'on donne aux petits enfants et aux malades.
16. Le sel et le vinaigre sont un assaisonnement qu'il ne faut pas trop prodiguer dans la *salade*.

(Reprise des dérivés pour retrouver les radicaux.)

20. — Terminaisons UDE et INE.

Vous allez continuer votre travail sur la dérivation, et vous verrez paraître deux nouvelles terminaisons, savoir *ude* et *ine*, qui toutes deux sont du genre féminin. Ce sont les radicaux que vous aurez à trouver cette fois.

1. L'ingratitude,	ingrat.	9. L'exactitude,	exact.
2. La lassitude,	las.	10. Une habitude,	habitué.
3. La marine,	la mer.	11. La famine,	la faim.
4. L'inquiétude,	inquiet.	12. La plénitude,	plein.
5. La saline,	le sel.	13. La discipline,	le disciple.
6. Une platitude,	plat.	14. La narine,	le nez.
7. Une promptitude,	prompt.	15. La solitude,	seul.
8. La routine,	la route.	16. La vaccine,	la vache.

1. Un désert aride et sauvage afflige moins les yeux de l'homme digne de ce nom que l'*ingratitude* d'un enfant envers son père et sa mère.
2. La *lassitude* procure à l'ouvrier laborieux un sommeil que les gens désœuvrés ne trouvent pas toujours.
3. Par leur *marine*, les puissances *maritimes* ont transporté leurs armées et leurs combats sur les flots de la mer.

4. Déposez toutes vos *inquiétudes* dans le sein de Dieu, car il est père et il prend soin de sa famille.

5. Nous avons beaucoup de *salines*, car le *sel* ne se trouve pas seulement dans les eaux de la mer, mais aussi dans la terre en divers lieux.

6. Ne vaut-il pas mieux se taire, quand on n'a que des *platitudes* à dire ?

7. Dans la *promptitude*, on dit et on fait des choses qui causent d'inutiles regrets.

8. Suivre sans discernement les routes battues par le grand nombre, c'est suivre la *routine*.

9. Vous vous en trouverez bien, si, dans tout ce que vous faites, vous mettez de l'*exactitude*.

10. Une mauvaise *habitude* se contracte assez vite, mais il faut du temps pour s'en défaire.

11. Les *famines* sont affligeantes, mais elles doivent servir à resserrer les liens de l'humanité.

12. Dieu accorde à ceux qui le prient la *plénitude* de ses grâces.

13. Dans les écoles, tout comme dans les armées, l'ordre ne s'obtient que par une exacte *discipline*.

14. En hiver, les *narines* des chevaux et du bétail ressemblent à des cheminées, parce que les vapeurs de la respiration deviennent visibles dans l'air froid.

15. Un homme, quoique dans la plus profonde *solitude*, ne se trouve réellement jamais *seul*.

16. La *vaccine* (*vacca*), inventée par l'Anglais Jenner, est un bienfait qui mérite notre reconnaissance.

(Reprise des radicaux pour faire retrouver les dérivés.)

21 — Terminaison EAU.

Le son final *o* s'écrit toujours par les trois lettres *eau* dans les noms dérivés, et d'après l'usage il demande *x* au lieu de *s*, lorsque le nom est au pluriel. Les noms de cette terminaison sont souvent des diminutifs, surtout lorsqu'ils désignent de jeunes animaux. Je vous dirai des radicaux ; à vous le soin de trouver les dérivés, et d'indiquer ceux qui exprimeront un diminutif.

1. Je berce,	le berceau.	9. Le lion,	le lionceau.
2. Une tonne,	le tonneau.	10. Une ride,	le rideau.
3. Un arbre,	un arbrisseau.	11. Peindre,	le pinceau.
4. Un ver,	un vermisseau.	12. La flamme,	le flambeau.
5. Une bande,	un bandeau.	13. La baleine,	un baleineau.
6. Une tombe,	un tombeau.	14. Une perdrix,	le perdreau.
7. Un rets,	un réseau.	15. Une corde,	un cordeau.
8. Le drap,	le drapeau.	16. Une cave,	un caveau.

N.-B. Les noms singuliers en *al* font leur pluriel en *aux* avec *x* et sans *s* avant la voyelle composée *au*.

1. Les bonnes mères ne tardent pas à placer l'image du Père céleste sur le *berceau* de leurs enfants.
2. Diogène avait établi sa demeure dans un *tonneau* et priait les passants de ne pas lui cacher le soleil.
3. Tout comme l'*arbrisseau*, l'enfant a besoin d'un tuteur pour soutenir sa faiblesse.
4. Elevons nos pensées vers le Ciel, et ne rampons pas sur la poussière comme d'ignobles *vermisseaux*.
5. Les méchants ont un *bandeau* fatal sur les yeux, et vont se perdre sans le savoir.
6. L'homme mortel finit par *tomber*, mais le *tombeau* n'enferme que sa cendre.
7. Les Eglises chrétiennes forment un vaste et majestueux *réseau* sur la terre, et ce réseau s'étend de plus en plus.
8. Les chrétiens se rangent sous le *drapeau* de la croix, pour combattre non les hommes, mais leurs erreurs et leurs vices.
9. La lionne ne paraît être cruelle que pour nourrir son *lionceau*.
10. Le *rideau* ne tire-t-il pas son nom des *rides* qu'il forme ?
11. Léonard de Vinci laissa tomber ses *pinceaux* lorsqu'il voulut *peindre* le Sauveur prenant son dernier repas avec ses apôtres.
12. Les disciples du Sauveur sont appelés à porter partout le *flambeau* de l'Evangile avec la *flamme* de la charité.
13. Le *baleineau* mesure en naissant de sept à huit mètres de long, et sa mère se tourne à demi pour l'allaiter.
14. Les amateurs de la bonne chère préfèrent le *perdreau* à la perdrix.
15. Jadis, dans les villes, les maisons étaient placées sans ordre; aujourd'hui on en forme des rues tirées au *cordeau*.
16. Dans certaines villes, les pauvres n'ont que trop souvent pour demeures des *caves* et des *caveaux* humides.

(Reprise des dérivés pour retrouver les radicaux.)

22. — Terminaison ET.

Il y a plusieurs dérivés en *et*. Ils sont masculins et souvent ils expriment des diminutifs. C'est ce que vous aurez à indiquer dans votre exercice.

1. Le rouet, la roue.
2. Le jouet, je joue.
3. Le bracelet, le bras.
4. Le soufflet, souffler.
5. Le chardonneret, le chardon.
6. Un sachet, le sac.
7. Le cachet, cacher.
8. Le bosquet, le bois.
9. Le poulet, la poule.
10. Le fumet, la fumée.
11. Le crochet, le croc.
12. Un batelet, un bateau.
13. Le roitelet, le roi.
14. Un œillet, un œil.
15. Le filet, le fil.

1. Une domestique passait la moitié de la nuit à son *rouet,* pour pouvoir nourrir sa vieille maîtresse qui était tombée dans l'indigence.
2. Ne te *joue* pas de tes semblables, car ils ne sont pas faits pour être les *jouets* de tes fantaisies.
3. Quelques femmes tiennent beaucoup à montrer à leurs *bras* de riches *bracelets.*
4. Le *soufflet* imite le *souffle* de l'animal, car lui aussi pompe et rend l'air tour à tour.
5. Le *chardonneret* tire son nom du *chardon* dont il aime beaucoup la graine.
6. Pour dissiper les enflures et les douleurs, on fait des *sachets* avec des herbes ou des fleurs aromatiques.
7. Nous mettons un *cachet* à nos lettres, pour en *cacher* le contenu au public.
8. La nature a planté les *bois* pour le besoin des hommes, et l'homme plante des *bosquets* pour son agrément.
9. Henri IV ne voulait point ôter les *poulets* aux riches, mais il souhaitait que le laboureur eût tous les dimanches la *poule* au pot.
10. Le *fumet* des aliments peut exciter la faim, mais il ne peut pas l'apaiser.
11. Les *crocs* sont de gros *crochets* qui servent à porter de lourds fardeaux.
12. Les pêcheurs ont un *batelet* pour mettre et lever leurs filets.
13. En Allemagne, le *roitelet* s'appelle le *roi* des haies.
14. Les petites ouvertures que les lingères nomment *œillets* tirent leur nom de leur ressemblance avec la forme de l'*œil.*
15. Prenez garde que les méchants ne vous prennent dans leurs *filets.*

(Reprise des radicaux pour faire retrouver les dérivés.)

23. — Terminaison ETTE.

Les noms dérivés féminins se terminent par *ette,* tandis que les masculins font *et.* Les féminins sont fréquemment des diminutifs, et vous les indiquerez dans votre exercice.

1. Moucher,	les mouchettes.	9. Allumer,	une allumette.
2. La lune,	la lunette.	10. Une caisse,	une cassette.
3. Causer,	la causette.	11. La goutte,	la gouttelette.
4. La couche,	la couchette.	12. La mie,	une miette.
5. Le serin,	la serinette.	13. La noix,	la noisette.
6. La lance,	la lancette.	14. La manche,	la manchette.
7. Rouler,	la roulette.	15. La serpe,	la serpette.
8. La planche,	la planchette.	16. Sonner,	la sonnette.

1. Quand vous aurez *mouché* la chandelle, fermez bien les *mouchettes.*
2. Avec une bonne *lunette,* on voit dans la *lune* ce que l'on ne découvre pas à l'œil nu.

3. On accuse les femmes de s'oublier en faisant la *causette*, mais les hommes ne s'oublient-ils jamais en *causant*?
4. Voyez avec quel soin la mère prépare la *couchette* avant d'y mettre coucher son cher enfant.
5. Les *serins* de Canarie s'avisent quelquefois de changer un peu les airs qu'on leur a appris à la *serinette*.
6. Les *lanciers* se servent de la *lance* pour tuer, et les chirurgiens se servent de la *lancette* pour guérir.
7. Les arpenteurs se servent de la *planchette* pour mesurer le terrain.
8. Il y a du danger à laisser des *allumettes* phosphoriques entre les mains des enfants, et on les a défendues en certains pays.
9. On serre les gros effets dans des *caisses*, et les petits dans des *cassettes*.
10. En hiver, les bons petits oiseaux viennent manger les *miettes* que nous mettons pour eux sur les pierres de nos fenêtres.
11. Les singes savent manger les *noix* et les *noisettes* avec autant de grâce que d'adresse.
12. Autrefois on faisait grand étalage de *manchettes* ; aujourd'hui elles ont passé de mode, pour revenir peut-être bientôt.
13. Nous nous servons de *serpes* pour émonder les arbres, et de *serpettes* ou de sécateurs pour tailler la vigne et les espaliers.
14. Les bergers des Alpes attachent des *sonnettes* au cou de quelques vaches, pour qu'elles servent de guides à leurs troupeaux.

(Reprise des dérivés pour faire retrouver les radicaux.)

24. — Terminaisons ICE, ISSE et ISE.

Les terminaisons *isse* et *ice*, qu'on remarque dans certains noms dérivés, laissent du doute pour l'orthographe ; l'usage est ici le seul guide. La terminaison qui, à l'oreille, sonne *ize*, ne s'écrit pas par un *z*, comme cela devrait être dans la règle, mais par *s* qui, entre deux voyelles, prend la place du *z*. Nous continuerons l'exercice ordinaire. Je vous dirai des dérivés ; vous aurez les radicaux à trouver, ainsi que l'orthographe des terminaisons nouvelles.

1. La marchandise, le marchand.
2. La justice, juste.
3. La nourrice, nourrir.
4. Un hôte, un hospice.
5. La pelisse, la peau.
6. La friandise, friand.
7. Le service, servir.
8. La malice, le mal.
9. L'avarice, avare.
10. La franchise, franc.
11. L'exercice, exercer.
12. Le sacrifice, sacrifier.
13. La coulisse, couler.
14. La sottise, sot.
15. La maîtrise, le maître.
16. La jaunisse, jaune.

1. Les hypocrites font de la dévotion métier et *marchandise*; les hommes de cette sorte ont fait bien de la peine au divin Maître.
2. Dieu est *juste*, et il a l'éternité devant lui pour faire *justice*.
3. Qui comptera les soins que donne la bonne *nourrice* à l'enfant qu'elle *nourrit* de son lait?
4. C'est une dame chrétienne qui a fondé à Rome le premier *hospice* de charité pour les malades et pour les pauvres.
5. Les habitants du Nord ont des *peaux* pour faire des *pelisses* et se garantir du froid dans leur climat glacé.
6. Les enfants *friands* ont bien souvent à souffrir plus tard des suites de leur *friandise*.
7. Le Père commun payera un jour les plus petits *services* que nous aurons rendus aux hommes, ses enfants et nos frères.
8. Les enfants qui montrent de la *malice* doivent être sérieusement repris par leurs parents et leurs maîtres.
9. L'*avarice* amasse pour jouir, et pourtant elle se refuse la jouissance, au point de souffrir le besoin à côté de son trésor.
10. Les personnes *franches* conservent leur *franchise* même à leurs dépens.
11. L'homme naît ignorant, et il ne peut apprendre quelque chose que par beaucoup de docilité et d'*exercice*.
12. La mère ne regrette aucun *sacrifice* pour faire le bien de sa chère famille.
13. On nomme *coulisses* en Suisse les rigoles dont les bons cultivateurs se servent pour arroser leurs prairies.
14. Plus le paon montre de fierté, plus il fait preuve de *sottise*.
15. Depuis la suppression des *maîtrises*, chacun peut embrasser la profession qui lui convient.
16. On devient *jaune* et l'on voit tout en jaune, quand on a la *jaunisse*.

(Reprise des radicaux pour retrouver les dérivés, dont il faudra indiquer la terminaison.)

25. — Terminaisons ELLE et AILLE.

Vous aurez aujourd'hui des noms dérivés avec la terminaison *elle* et la terminaison *aille*. Dans cette dernière, il y a un *i* avant les deux *l* pour produire le son mouillé. Vous comprenez pourquoi les dérivés de ces deux classes sont du genre féminin. Dans votre exercice, vous en indiquerez l'orthographe. Il y aura aussi des diminutifs à indiquer.

1. La volaille, le vol.
2. Les semailles, semer.
3. La dent, la dentelle.
4. La mangeaille, manger.
5. Une sauterelle, sauter.
6. La muraille, le mur.

7. La tourelle,	la tour.	11. La citadelle,	la cité.
8. Une ombrelle,	l'ombre.	12. Une trouvaille,	trouver.
9. La limaille,	limer.	13. Une tenaille,	tenir.
10. La rocaille,	le roc.		

1. Les gens aisés qui mangent de la *volaille* s'en trouvent-ils mieux que les ouvriers avec leur nourriture simple et frugale ?
2. Cette vie est la saison des *semailles*; la moisson ne peut venir qu'après.
3. La *dentelle* est bordée de petites *dents* : c'est de là que lui vient son nom.
4. Les gens sensuels, qui ne semblent vivre que pour *manger*, s'occupent beaucoup de *mangeaille*.
5. Au moyen de ses longues jambes de derrière, la *sauterelle* fait des *sauts* qui amusent beaucoup les enfants.
6. La *muraille* qui sépare la Chine des pays voisins n'a pas sa pareille sur la terre.
7. Dans l'architecture gothique, les châteaux présentent des *tourelles*, autant comme ornement que pour la commodité des habitants.
8. Dans les fleurs à *ombelle*, les pédoncules partent d'un centre commun, comme les branches d'un parasol.
9. La *limaille* est une poussière métallique obtenue par l'action de la *lime* sur les métaux.
10. La *rocaille* est un *roc* formé de petits cailloux qu'assemble un ciment plus ou moins dur.
11. Les *citadelles* s'élèvent près des *cités* pour les défendre contre les ennemis de l'extérieur et de l'intérieur.
12. Une *trouvaille* n'appartient pas à celui qui *trouve*, mais à celui qui a perdu.
13. Avec les *tenailles*, on *tient* toute espèce de choses, surtout les métaux rougis au feu.

(Reprise des radicaux pour faire retrouver les dérivés.)

26. — Terminaisons IEN et ASSE.

Il y a des noms dérivés dont la terminaison est en *ien*, comme dans les monosyllabes *rien, bien, mien*, etc. D'autres dérivés prennent la terminaison *asse*, qui s'écrit communément par deux *s* et très-rarement par *c*. Les dérivés en *ien* sont masculins, ceux en *asse* féminins. Vous verrez cela en continuant vos exercices sur les mots suivants. Vous aurez encore une fois les radicaux à trouver.

1. Le pharmacien,	la pharmacie.	9. La bécasse,	le bec.
2. Le gardien,	garder.	10. La cuirasse,	le cuir.
3. Le physicien,	la physique.	11. La terrasse,	la terre.
4. Un opticien,	l'optique.	12. La crevasse,	crever.
5. Le magicien,	la magie.	13. La paillasse,	la paille.
6. Le chirurgien,	la chirurgie.	14. Une liasse,	lier.
7. Le comédien,	la comédie.	15. La populace,	le peuple.
8. Le musicien,	la musique.	16. La dédicace,	dédier.

1. Le *pharmacien* prépare les remèdes que les médecins prescrivent aux malades.

2. Nos parents sont les *gardiens* que le Ciel nous a donnés pour diriger notre ignorante enfance.

3. Les *physiciens* étudient la nature, et leurs recherches nous font connaître de plus en plus son auteur.

4. L'*optique* est l'étude de la vision, et les *opticiens* font des instruments propres à l'étendre des plus grands aux plus petits objets.

5. Nous n'avons plus de *magiciens* depuis que l'on connaît mieux les forces et les effets de la nature.

6. Les *chirurgiens* s'occupent de la guérison des blessures, des plaies, des fractures et du redressement des membres.

7. Les *comédiens* jouent des rôles d'emprunt, et on n'aime pas que, dans le commerce de la vie, quelqu'un joue la *comédie*.

8. Un véritable *musicien* met de l'expression dans la musique ; il ne parle pas seulement à l'oreille, mais à l'âme.

9. La *bécasse*, oiseau de passage, paraît devoir son nom à la longueur de son *bec*.

10. On conserve dans les arsenaux les *cuirasses* dont se servaient les anciens à la guerre.

11. Les toits, en Orient et dans le midi de l'Europe, sont des *terrasses* où l'on va prendre l'air et où l'on se promène.

12. C'est dans les *crevasses* de rochers inaccessibles que les aigles vont établir leurs nids.

13. Le pauvre ne connaît pas nos lits préparés pour la mollesse, trop heureux souvent d'avoir une *paillasse* pour y prendre son repos.

14. Dans les archives, on forme des *liasses* avec les papiers qui ont rapport au même objet.

15. C'est par mépris que nous donnons au bas peuple le nom de *populace*.

16. Après avoir bâti le seul temple du vrai Dieu sur la terre, le roi Salomon en fit la *dédicace* pendant huit jours.

(Reprise des radicaux pour faire retrouver les dérivés des deux terminaisons ci-dessus.)

27. — Terminaisons ISTE et ISME.

Nous finirons par indiquer deux terminaisons des noms dérivés. Ce sont *iste* et *isme*, qui n'offrent aucune difficulté pour l'orthographe. Elles sont masculines.

1. Le fabuliste,	la fable	10. Le paganisme,	un païen.
2. Un organiste,	l'orgue.	11. Le mosaïsme,	Moïse.
3. Le naturaliste,	la nature.	12. Le christianisme,	le Christ.
4. Le chimiste,	la chimie.	13. Le mahométisme,	Mahomet.
5. Un oculiste,	un œil.	14. L'héroïsme,	le héros [1].
6. Un artiste,	l'art.	15. Le mécanisme,	la machine.
7. Le fataliste,	fatal.	16. L'athéisme,	un athée.
8. Le matérialiste,	la matière.	17. Le fanatisme,	fanatique.
9. Un évangéliste,	l'Evangile.	18. L'égoïsme (ego),	moi.

1. Les *fabulistes* ont donné la parole aux animaux pour instruire les hommes.

2. L'*organiste*, jouant des deux mains et des deux pieds, forme à lui seul, si l'*orgue* est bon, un orchestre tout entier.

3. Le *naturaliste* fait des beautés et des merveilles de la *nature* une étude suivie, aussi utile qu'agréable et belle.

4. Le *chimiste* décompose les corps solides et fluides, pour en découvrir les divers éléments.

5. Le monde n'avait jamais vu un *oculiste* comme le Sauveur, qui d'un seul mot rendait la vue aux aveugles de naissance.

6. Que sont tous nos *artistes* auprès de Celui qui a fait l'univers et toutes ses merveilles ?

7. On appelle *fataliste* l'homme qui croit que tout arrive dans le monde par une nécessité aussi aveugle qu'inconnue.

8. Le *matérialisme* fait sortir la noble pensée et la volonté d'une *matière* privée elle-même de volonté et de pensée.

9. Les quatre *évangélistes* ont écrit, dès les premiers temps, la vie du Sauveur, et ont scellé leur témoignage de leur sang.

10. Le *paganisme*, avec ses idoles impures, a résisté longtemps à la lumière de l'Evangile, mais enfin il a dû succomber.

11. C'est du *mosaïsme* qu'est sorti l'Evangile, comme le brillant papillon sort de la chrysalide qui lui a servi de berceau.

12. Le *christianisme* est la lumière céleste que le Fils de Dieu est venu apporter à la terre, si longtemps assise dans l'ombre de la mort.

13. Le *mahométisme* est sorti de l'Arabie, et il s'est répandu avec le glaive et la flamme.

14. Le véritable *héroïsme* ne consiste pas à triompher des armées, mais à vaincre le mal par le bien.

15. Qu'est-ce que le *mécanisme* d'une montre en comparaison de la *mécanique* céleste ?

16. L'*athéisme* est un aveuglement qui empêche de voir que l'admirable univers ne s'est pas fait lui-même.

17. Le *fanatisme* est un zèle ardent, mais aveugle, qui croit servir le Père commun en tuant ses enfants.

18. L'affreuse devise de l'*égoïsme* ou de l'intérêt personnel est celle-ci : Moi avant tout, et tout le reste après.

(Reprise des dérivés pour retrouver les radicaux.)

1. Dans *héros*, h est aspirée, tandis que dans tous les dérivés de ce mot elle est muette.

(Note de l'éditeur.)

28. — Terminaison TE.

La forme la plus simple et la plus brève du verbe est la première personne du présent, qui, dans les verbes des trois dernières conjugaisons, se termine par un *s* muet. Cette forme nous fournit plusieurs noms dérivés, en ce que la syllabe *te* vient remplacer le *s* final. Je vous dirai des verbes de cette classe, et vous en ferez des noms pour reprendre ensuite les exercices ordinaires sur le radical et le dérivé.

1. Je fuis,	la fuite.	10. Je plains,	la plainte.
2. Je suis,	la suite.	11. Je contrains,	la contrainte.
3. Je dois,	la dette.	12. Je cuis,	la cuite.
4. Je vends,	la vente.	13. Je fonds,	la fonte.
5. Je tends,	la tente.	14. Je feins,	la feinte.
6. Je perds,	la perte.	15. Je tonds,	la tonte.
7. Je teins,	la teinte.	16. J'attends,	l'attente.
8. Je feins,	la feinte.	17. J'atteins,	l'atteinte.
9. Je crains,	la crainte.	18. Je conduis,	la conduite.

1. La sépia, poursuivie par quelque ennemi, trouble l'eau de la mer avec son encre, et prend la *fuite* à la faveur des ténèbres.
2. Les mauvaises *suites* de nos fautes tardent quelquefois; mais nous ne pouvons pas leur échapper parce que justice doit se faire.
3. Avez-vous jamais calculé la *dette* immense que vous avez contractée envers vos parents depuis votre naissance?
4. La cupidité a poussé le traître Judas à mettre en *vente* son Maître et son ami.
5. Les races nomades n'ont pas d'habitation fixe; elles vivent sous la *tente*, et changent de séjour comme les oiseaux de passage.
6. Savez-vous quelle est la plus grande *perte* que nous puissions faire?
7. Le caméléon ressemble au lézard, et il réfléchit, dit-on, la *teinte* des objets qui l'environnent.
8. Quelques animaux, tels que le hérisson et plusieurs insectes, ont recours à la *feinte*, pour échapper à la voracité des autres animaux.
9. La *crainte* la plus louable est celle de déplaire à Dieu, le Créateur et le Père.
10. Le Ciel entend la *plainte* de l'innocence persécutée; ce n'est pas en vain qu'il l'entend.
11. Si vous ne faites votre devoir que par *contrainte*, vous n'avez pas encore le cœur bon.
12. Les *cuites* de la faïence et du verre ne sont pas aussi faciles que celles de la brique et de la tuile.

13. La *fonte* des neiges dans la haute Égypte produit les débordements périodiques du Nil.
14. C'est dans les *fentes* des roches antiques que l'on trouve les divers métaux, qui nous sont d'une si grande utilité.
15. La *tonte* des brebis est une grande fête chez les peuples pasteurs.
16. Avant la naissance du Seigneur, tout l'Orient était dans l'*attente* d'un grand personnage qui devait paraître en Judée.
17. Nos péchés n'*atteignent* que nous et nos semblables et ne portent nulle *atteinte* à la grandeur du souverain Maître de la terre et des cieux.
18. La bonté de notre *conduite* dépend de la bonté des sentiments qui vivent dans notre âme.

---

§ II. — VERBES DÉRIVÉS.

29. — Verbes dérivés de noms à finales muettes.

Il y a dans la langue beaucoup de noms à finales muettes, dont l'orthographe est par là même difficile. On peut le plus souvent découvrir ces finales par la dérivation, parce que, au moyen de la terminaison nouvelle, elles deviennent sonores. Cependant il y a des verbes qui dérivent de noms à finales muettes et qui ne conservent pas ces finales. Nos dérivés seront dès à présent des verbes, et dans ce nouveau travail il s'agira de relever avec soin les finales muettes des noms. Tout le reste d'ailleurs se fera comme précédemment.

1. Le bord,	border.	11. Le saut,	sauter.
2. Le fond,	fonder.	12. Le goût,	goûter.
3. Le fard,	farder.	13. Le rebut,	rebuter.
4. Le poignard,	poignarder.	14. Le fouet,	fouetter.
5. Le lard,	larder.	15. Le souhait,	souhaiter.
6. Le hasard,	hasarder.	16. Le mont,	monter.
7. Le retard,	retarder.	17. Le chant,	chanter.
8. Le bond,	bondir.	18. Le flot,	flotter.
9. Le nœud,	nouer.	19. Le regret,	regretter.
10. Le nid,	nicher.	20. L'argent,	argenter.

1. En certains pays, on a soin de *border* les routes avec des peupliers, pour que les voyageurs y trouvent de l'ombre en été.
2. Le Sauveur a *fondé* son Église sur la terre, et il n'est pas au pouvoir des hommes de la détruire.

3. Les hypocrites ont beau se *farder*, leur *fard* ne tiendra pas plus que celui que mettent les femmes sur leur visage.

4. César, le grand capitaine de Rome, a été *poignardé* au sénat par ses collègues, qui ne voulaient pas de maître.

5. C'est la friandise qui a commencé à *larder* des viandes que l'on mangeait autrefois sans cet apprêt.

6. On *hasarde* une chose quand on ne peut pas en prévoir le résultat avec certitude. Le *hasard* n'est qu'un mot qui exprime notre ignorance des effets et des causes.

7. La longueur de l'hiver *retarde* le retour des oiseaux dans notre pays.

8. Que j'aime à voir les joyeux agneaux *bondir* au pâturage autour de leurs mères !

9. Il n'est donné qu'aux âmes pures et nobles de serrer entre elles les *nœuds* de la sainte amitié.

10. L'hirondelle voyageuse vient reprendre son ancien *nid*, et reparaît avec la soie de couleur qu'on a attachée à ses pattes.

11. Les chamois *sautent* de rocher en rocher et franchissent d'un *saut* des précipices effrayants.

12. La mère ne saurait *goûter* quelque repos tant que son enfant est indocile à sa voix.

13. Tous ceux qui se conduisent mal s'exposent à devenir le *rebut* de l'humanité.

14. On voit quelquefois des hommes au cœur de roche déchirer de leur *fouet* de pauvres bêtes, comme si elles n'avaient pas le sentiment de la douleur.

15. Faisons toujours notre devoir, et un jour tous nos *souhaits* seront remplis.

16. Les lemmings de la Laponie marchent tout droit par *monts* et par vaux, pour aller chercher vers le Midi la nourriture que le Nord leur refuse.

17. Le rossignol est le premier *chantre* des airs.

18. Les *flottes* s'élèvent souvent vers les cieux avec les *flots*, et descendent avec eux vers l'abîme.

19. L'homme *regrette* le temps perdu dans sa jeunesse ; mais ce sont des *regrets* inutiles.

20. La lune qui, dans la nuit, nous réfléchit la lumière du soleil, *argente* les lieux qu'elle éclaire.

(Reprise des dérivés pour retrouver les radicaux et leurs finales muettes.)

30. — Continuation.

Parmi les finales muettes des noms, *s* et *x* se présentent fréquemment, et la dérivation les décèle à l'oreille au profit de l'orthographe. En ce cas, *x* prend le son du *s*, et *s*, se trouvant seul placé entre deux voyelles, se prononce *z* ; mais quelquefois le *s* se double dans la dérivation. En poursuivant vos exer-

cices ordinaires, vous aurez soin de relever les finales
muettes des noms que vous allez entendre.

1. Le bois,	boiser.	10. La croix,	croiser.	
2. Le repos,	reposer.	11. La toux,	tousser.	
3. Le refus,	refuser.	12. Le prix,	priser.	
4. Un avis,	aviser.	13. Le creux,	creuser.	
5. Un abus,	abuser.	14. Un époux,	épouser.	
6. Un tamis,	tamiser.	15. La poix,	poisser.	
7. Un amas,	amasser.	16. Le poids,	peser.	
8. L'encens,	encenser.	17. Un puits,	puiser.	
9. Un choix,	choisir.	18. Le courroux,	courroucer.	

1. Sur notre globe, il y a des pays nus, et d'autres qui sont
très-*boisés*.
2. Les oiseaux qui traversent la Méditerranée, pour passer
d'Europe en Afrique, doivent faire ce voyage sans se
reposer.
3. Ce n'est pas faire le bien des enfants que de ne se *refuser* à
aucun de leurs caprices.
4. Les télégraphes transmettent les *avis* avec une étonnante
célérité à de grandes distances.
5. Qui *abuse* de la bonté de ses parents mérite de la perdre.
6. On se sert beaucoup de *tamis* pour passer des liqueurs
épaisses ou des matières pulvérisées.
7. Les fourmilières des bois sont un *amas* de folioles de sapin où
tout bouge, tout travaille.
8. Les gens vaniteux aiment qu'on les *encense* comme de véné-
rables divinités.
9. Il y a deux chemins dans la vie ; il s'agit de faire un *choix*
qui ne nous laisse aucun regret.
10. Souvent les projets d'autrui viennent *croiser* les nôtres.
11. Le pauvre enfant a la coqueluche ; il *tousse* la nuit comme
le jour.
12. La pauvre veuve n'a offert qu'une obole au temple, et le Sauveur a attaché plus de *prix* à cette modique offrande qu'à
celles des riches.
13. Ce n'est qu'en *creusant* la terre que les hommes ont trouvé
les richesses que le Créateur y a déposées pour leur
usage.
14. Il ne faut pas craindre d'*épouser* hautement la cause de la
vérité et de l'innocence.
15. La *poix* provient du sapin et du pin, et on la recueille pour
différents usages.
16. On se sert de grandes balances pour *peser* des voitures chargées de marchandises.
17. Les anciens n'avaient encore que des *puits*, où ils allaient
puiser l'eau pour eux et leurs troupeaux.
18. Le *courroux* est une faiblesse de l'âme qui se laisse empor-
ter, et qui manque d'empire sur elle-même.
(Reprise des dérivés pour faire retrouver les radicaux et leurs
finales muettes.)

31. — Continuation.

Outre ces finales *b, t, s, x,* il y a encore d'autres finales muettes qui deviennent sonores dans la dérivation. On peut aussi connaître par cette dérivation comment certaines voyelles nasales doivent être écrites. Les radicaux terminés par *on* perdent le son nasal, et doublent le *n* dans les dérivés, et le *c* se change en *que.* Souvenez-vous en dans l'exercice que vous allez entreprendre.

1. Le camp,	camper.	10. Le ton,	tonner.
2. Le galop,	galoper.	11. La fin,	finir.
3. Le rang,	ranger.	12. La main,	manier.
4. Le troc,	troquer.	13. Le sang,	saigner.
5. Le parc,	parquer.	14. Le bain,	baigner.
6. Le pic,	piquer.	15. Le dédain,	dédaigner.
7. Le tronc,	tronquer.	16. Le soin,	soigner,
8. La façon,	façonner.	17. Le gain,	gagner.
9. Le don,	donner.		

1. Partout où viennent *camper* les armées de sauterelles, il ne reste pas une feuille sur les arbres, ni un brin d'herbe dans les prairies.
2. Savez-vous pourquoi on donne le nom de *galopins* à certains garçons ?
3. Un affreux incendie a consumé une *rangée* de maisons, et quantité de familles ont été réduites à la misère.
4. C'est faire un mauvais *troc* que de *troquer* un beau livre contre des jouets.
5. On *parquait* autrefois le gibier pour donner aux princes le plaisir de la chasse.
6. Les *pics* grimpent le long des arbres et *piquent* l'écorce pour saisir les insectes qui s'y trouvent. — Je ménage mes paroles pour ne pas *piquer* les gens.
7. Il y a des *troncs* dans nos églises pour recevoir les aumônes des fidèles.
8. Ce potier *façonne* les vases et les urnes avec beaucoup d'élégance.
9. Nous n'avons rien qui ne soit un *don* du Ciel, et c'est au Ciel qu'en revient toute la gloire.
10. Il a *tonné* cette nuit, et tout a tremblé. — Sied-il à un enfant de prendre le *ton* d'un supérieur ?
11. Les astronomes se sont convaincus que l'univers s'étend sans *fin* autour de nous.
12. Les naturalistes ont appelé les singes quadrumanes, ce qui veut dire animaux à quatre *mains*.
13. La sève circule dans les plantes pour les nourrir, tout comme le *sang* dans le corps des animaux.

14. C'est s'exposer à une mort subite que de se *baigner* après les repas.

15. Comment oserais-je repousser avec *dédain* les hommes que Dieu *daigne* éclairer de son soleil et nourrir à sa table ?

16. Les enfants ne *soignent* pas toujours bien les vêtements qui coûtent beaucoup à leurs parents.

17. On croit *gagner* en faisant le mal, et on se trompe.

(Reprise des dérivés pour faire retrouver les radicaux.)

32. — Verbes dérivés d'adjectifs au moyen d'une terminaison verbale.

Les adjectifs nous fournissent aussi des verbes en prenant les terminaisons *er* ou *ir* de l'infinitif. Regardez :

Courbe, courber. Pâle, pâlir.

Le verbe dérivé conserve toujours au fond la signification de l'adjectif, mais il y ajoute l'idée d'une action faite ou soufferte par le sujet en question. *Courber* signifie *rendre courbe* ; voilà une action qui se fait. *Pâlir* signifie *devenir pâle*, et voilà une action soufferte ou reçue d'ailleurs. Vous ferez cette distinction dans les verbes qui paraîtront dans votre exercice, et vous relèverez les finales muettes des adjectifs que la dérivation rendra sonores.

1. Long,	longer.	10. Dur,	durcir.
2. Complet,	compléter.	11. Noir,	noircir.
3. Grand,	grandir.	12. Rouge,	rougir.
4. Libre,	libérer.	13. Aigre,	aigrir.
5. Droit,	dresser.	14. Vert,	verdir.
6. Etroit,	étrécir.	15. Gras,	graisser.
7. Inquiéter,	inquiéter.	16. Epais,	épaissir.
8. Gros,	grossir.	17. Brun,	brunir.
9. Vieil,	vieillir.	18. Blanc,	blanchir.

1. Dans l'enfance de la navigation, on n'allait point en haute mer ; on ne faisait que *longer* les côtes.

2. Il faut *compléter* un ouvrage et ne pas le faire à demi.

3. L'enfant de Bethléem *grandissait* en sagesse et en âge.

4. Le Sauveur est venu nous *libérer* du joug lourd et honteux que nous imposent nos inclinations mauvaises.

5. Les parents doivent imiter le jardinier qui *redresse* les jeunes arbres qui se courbent en s'élevant.

6. Les allées d'arbres *rétrécissent* à la vue à mesure qu'elles s'allongent.

7. Ce n'est pas bien d'*inquiéter* nos parents par des demandes sans fin ou par une mauvaise conduite.

8. Il y a des personnes qui *grossissent* beaucoup avec l'âge. —

Les microscopes *grossissent* les objets plusieurs centaines de fois.

9. Les chagrins et les désordres *vieillissent* l'homme avant le temps. — De bons enfants voient avec peine *vieillir* leurs parents.

10. Les fils de l'araignée sont d'abord un liquide, qui se *durcit* promptement à l'air.

11. Vous êtes délicat sur votre réputation : gardez-vous donc de *noircir* la réputation d'autrui. — Les enfants des nègres ne *noircissent* que peu à peu.

12. Rien de plus triste que d'être forcé de *rougir* de notre conduite.

13. N'*aigrissons* pas nos semblables par des paroles grossières et offensantes.

14. Avec le retour du printemps, tout *verdit* à la campagne, et notre vue en est réjouie.

15. On *graisse* les roues avec de l'huile ou du cambouis.

16. L'esprit s'*épaissit* à ne rien faire.

17. Les doreurs *brunissent* l'or pour le rendre plus brillant. — La peau des campagnards *brunit* au grand air et au grand soleil.

18. Les cheveux du vieillard *blanchissent*. — La grêle de ce matin a *blanchi* nos prairies.

(Reprise des dérivés pour faire retrouver les radicaux et leurs finales muettes.)

33. — Terminaison de verbes en ISER.

Nous avons beaucoup de verbes qui dérivent d'adjectifs et de noms, et qui se terminent par *iser*. Regardez cet exemple :

Fertile,   fertil*iser*.

Cette terminaison marque une action, et ici *fertiliser* veut dire *rendre fertile*. Il en est de même des mots semblables.

Dans votre exercice, vous aurez soin de relever la signification de ces nouveaux dérivés.

1. Le caractère,	caractériser.	9. Familier,	familiariser.
2. Un auteur,	autoriser.	10. Ridicule,	ridiculiser.
3. Le scandale,	scandaliser.	11. Humain,	humaniser.
4. La faveur,	favoriser.	12. Egal,	égaliser.
5. Le tyran,	tyranniser.	13. Réel,	réaliser.
6. La sympathie,	sympathiser.	14. Immortel,	immortaliser.
7. Le martyr,	martyriser.	15. Un organe,	organiser.
8. Le maître,	maîtriser.	16. Civil,	civiliser.

1. Ce qui doit *caractériser* un disciple du divin Maître, c'est la charité, dont il nous a donné le plus touchant exemple.

2. Les mauvais exemples d'autrui ne nous *autorisent* pas à l'imiter.

3. Nous *scandalisons* nos semblables, lorsque par nos paroles ou nos actions nous les portons à faire le mal.

4. La forme allongée est presque générale chez les animaux aquatiques, et elle *favorise* leurs mouvements dans le milieu qu'ils habitent.

5. L'enfant qui *tyrannise* les bêtes fait preuve d'une grande ignorance ou d'un mauvais cœur.

6. Les bons ne sauraient *sympathiser* avec les méchants.

7. Les idolâtres ont eu beau *martyriser* les chrétiens, la croix est venue se placer sur les temples et sur la couronne des rois.

8. Qui ne sait pas *maîtriser* ses inclinations mauvaises ne sera jamais qu'un esclave vil et malheureux.

9. Depuis que j'ai eu le courage de me *familiariser* avec mon travail, je ne le trouve plus pénible.

10. Vous n'aimez pas qu'on vous rende *ridicule*: gardez-vous donc de *ridiculiser* les autres.

11. L'Evangile a *humanisé* les peuples barbares, partout où il a été reçu avec foi et docilité.

12. *Egalisez* aujourd'hui les fortunes, et demain elles ne seront plus *égales*.

13. La venue du Christ a *réalisé* toutes les prédictions des prophètes.

14. De barbares guerriers ont voulu s'*immortaliser* en portant chez les peuples la flamme et le fer, la misère et des chaînes.

15. L'aï ou le paresseux n'est pas *organisé* pour marcher sur la terre, mais pour vivre accroché aux arbres et se repaître de leurs feuilles.

16. L'Evangile a *civilisé* l'Europe, qui, en le répudiant, retomberait dans la barbarie.

(Reprise des radicaux pour faire retrouver les dérivés.)

34. — Terminaison de verbes en FIER.

D'autres verbes se forment par la terminaison *fier*, qui s'ajoute à des adjectifs ou des noms. Ce n'est point ici notre verbe *fier*, *se fier*, mais le verbe *faire*, qui, pour se joindre à quelque autre mot, a subi une très-grande altération, de manière à devenir méconnaissable. Néanmoins il conserve toujours sa signification. Regardez cet exemple:

Pur,   purifier.

Purifier signifie *faire pur* ou *rendre pur*. Il en est ainsi pour le sens des autres verbes dérivés de cette classe, bien qu'on ne puisse pas toujours les traduire convenablement avec les mots *faire* et *rendre*. Dans votre exercice, vous choisirez pour la traduction l'expression la plus convenable au sujet.

1. Fort,	fortifier.	9. La paix,	pacifier.
2. Certain,	certifier.	10. La pierre,	pétrifier.
3. Vrai,	vérifier.	11. Le signe,	signifier.
4. Faux,	falsifier.	12. Le fruit,	fructifier.
5. Vif,	vivifier.	13. La gloire,	glorifier.
6. Mort,	mortifier.	14. Saint,	sanctifier.
7. Juste,	justifier.	15. Sacré,	sacrifier.
8. Bon,	bonifier.		

1. C'est par la pensée de l'invisible Témoin que vous vous *for-tifierez* dans le bien.
2. Nous ne devons pas *certifier* ce que nous ne regardons pas comme *certain*.
3. Il faut *vérifier* les choses avant de les assurer.
4. On appelle *faussaires* les misérables qui *falsifient* les écritures.
5. Il n'y a que l'Auteur de la vie qui *vivifie* toutes choses.
6. C'est cruel de *mortifier* nos semblables par des propos qui leur percent le cœur.
7. Cherchez à pouvoir *justifier* votre conduite devant Celui qui lit la pensée dans nos cœurs.
8. L'engrais et la culture *bonifient* les plus mauvais terrains.
9. *Pacifier* nos semblables est un beau rôle; en le remplissant, nous nous montrons de vrais enfants de Dieu, comme nous l'a dit le Sauveur.
10. On trouve dans les roches, qui jadis n'étaient que la boue, des plantes et des animaux que le temps a *pétrifiés*.
11. Le Créateur a mis l'arc-en-ciel dans les nues, pour *signifier* au genre humain que désormais il n'y aurait plus de déluge.
12. Puissent les tendres avertissements de nos mères *fructifier* en nos cœurs selon leurs désirs !
13. Que les hommes ne se *glorifient* pas; car à l'Auteur de tout bien revient la gloire, et à nous l'oubli !
14. Dieu est *saint*, et pour lui plaire il faut nous *sanctifier*.
15. *Sacrifier* le plaisir au devoir, voilà le plus beau *sacrifice* que nous puissions faire au Créateur et au Père.

(Reprise des dérivés pour faire retrouver les radicaux et leurs finales muettes.)

§ III. — ADJECTIFS DÉRIVÉS.

35. — Féminin des adjectifs.

Les adjectifs terminés au masculin par *e* muet ne subissent aucun changement pour le féminin, et par conséquent la dérivation n'a pas à s'en occuper. Il en est autrement des adjectifs terminés par une autre voyelle, car ils prennent au féminin l'*e* muet comme signe du genre. Ceci encore ne présente rien pour la dérivation. Nous n'avons à nous occuper ici que des adjectifs qui au masculin présentent une finale muette, et de ceux qui subissent un changement au féminin. Nous commencerons par ceux de la première classe. Vous relèverez les finales muettes, et vous continuerez les exercices ordinaires.

1. Sourd,	sourde.	9. Léger,	légère.
2. Grand,	grande.	10. Grossier,	grossière.
3. Laid,	laide.	11. Étranger,	étrangère.
4. Babillard,	babillarde.	12. Entier,	entière.
5. Gris,	grise.	13. Muet,	muette.
6. Gros,	grosse.	14. Étroit,	étroite.
7. Mauvais,	mauvaise.	15. Ardent,	ardente.
8. Las,	lasse.	16. Méchant,	méchante.

N.-B. — Le moyen de connaître ces finales muettes est facile : c'est d'allier les adjectifs à un nom féminin.

1. Le Sauveur avait pitié des *sourds*, et d'un mot il leur rendait l'ouïe.
2. *Grande* au delà de toute expression est la bonté du Créateur, car elle embrasse tout ce qui respire au ciel comme sur la terre.
3. Les plus belles physionomies deviennent *laides* lorsque la jalousie ou la haine viennent s'y peindre.
4. J'aime à entendre la fauvette *babillarde*, et je me suis souvent arrêté pour écouter ses chansons.
5. Les levrauts se cachent facilement dans le chaume aux yeux des chasseurs, parce que leur couleur est *grise* comme celle de la terre.
6. Les eaux sont devenues *grosses* depuis que les pluies ont été si abondantes.
7. On rebute les gens quand on est de *mauvaise* humeur.

8. Le père est *las* de fournir aux folles dépenses d'un fils qui ne veut pas se soumettre à la raison.
9. Une faute commise à dessein n'est point une faute *légère*.
10. Un enfant *grossier* inspire du dégoût, et il n'est pas fait pour être souffert en bonne compagnie.
11. Les lions, les panthères et les léopards sont des bêtes *étrangères* à notre Europe.
12. Le Sauveur avait le cœur vaste, comme son Père ; car il embrassait l'humanité tout *entière* dans sa charité.
13. Durant les ténèbres, on entend la chouette, le hibou, le grand-duc ; mais tous les chantres du jour sont *muets*.
14. Tous les animaux sont, par leurs goûts et leurs moyens d'attaque, renfermés dans une sphère *étroite* de destruction, d'où résulte la conservation de tout le règne animal.
15. Quelque *ardente* que soit votre soif, gardez-vous de boire quand vous êtes échauffé.
16. Nous donnons le nom de *méchantes* à certaines bêtes, et pourtant il n'y a que les hommes qui soient véritablement *méchants*.

(Reprise du féminin pour faire retrouver le masculin, avec indication des finales muettes.)

36. — Continuation.

Plusieurs adjectifs se terminent au masculin par des nasales qui au féminin se décomposent en leurs éléments. Les nasales *un* et *on*, comme dans les mots *chacun* et *bon*, n'offrent aucune difficulté au masculin. Quant au féminin, l'usage veut que l'on double le *n*, qui formait la nasale *on*. Le son final *in* dans les adjectifs ne s'écrit pas seulement *i-n*, mais aussi par les trois lettres *a-i-n* ou par *e-i-n*.

En les faisant passer au féminin, vous apprendrez comment vous devez les écrire. Regardez ces deux exemples :

Fin, *fine.*   Américain, *Américaine.*

Dans le premier exemple, le *i* devient sonore ; dans le second, *ai* se prononce comme un *è* grave, et de cette manière tout le mystère est mis à découvert. Vous ferez usage de la découverte dans votre exercice.

1. Marin,	marine.	9. Hautain,	hautaine.
2. Enclin,	encline.	10. Mutin,	mutine.
3. Vilain,	vilaine.	11. Lointain,	lointaine.
4. Certain,	certaine.	12. Africain,	africaine.
5. Divin,	divine.	13. Bon,	bonne.
6. Humain,	humaine.	14. Commun,	commune.
7. Sain,	saine.	15. Salin,	saline.
8. Malin,	maligne 1.	16. Nain,	naine.

1. Les tortues *marines* sortent de l'Océan, et vont déposer leurs œufs dans le sable, qu'elles nivellent avec soin.

2. Les garçons sont *enclins* à faire preuve de force et de courage, tandis que les demoiselles sont *enclines* à la parure.

3. L'ingratitude n'est pas moins *vilaine* que l'orgueil n'est *vilain*.

4. Notre mort est *certaine*, mais le jour où elle arrivera n'est pas *certain*.

5. Le Sauveur nous a montré un cœur *divin*, accompagné d'une puissance évidemment *divine*.

6. Veux-tu appartenir à la famille *humaine*, il faut te montrer *humain* envers tes semblables et tes frères.

7. Ce que nous pouvons demander de mieux à l'Auteur de tout bien, c'est une âme *saine* dans un corps *sain*.

8. Parmi les bêtes *malignes*, le renard et le singe passent pour être les plus *malins*.

9. L'air de cet homme est *hautain*, et ses paroles sont *hautaines*.

10. Ce garçon *mutin* a, par ses exemples, rendu *mutines* des sœurs qui étaient très-dociles à la voix de leurs parents.

11. L'homme vit beaucoup dans l'avenir, et il se fait des plaisirs *lointains*, tout comme des peines *lointaines*.

12. Les *Africains* de la Nigritie sont noirs comme du jais, et les *Africaines* ne le sont pas moins.

13. Le père est *bon*, la mère est *bonne*, et tous les enfants sont *bons* dans cette excellente famille.

14. Les chamois sont encore assez *communs* dans les Alpes, mais les chèvres sauvages n'y sont plus *communes* comme autrefois.

15. Il faut qu'il y ait beaucoup de couches *salines* sous terre, car les puits *salins* ne sont pas rares.

16. On rencontre quelques *nains* et quelques *naines* parmi nous.

(Reprise des adjectifs aux deux genres avec remarque sur leur orthographe.)

37. — Continuation.

Plusieurs adjectifs changent leur finale sonore ou

---

1. Faites remarquer cette exception. *Bénin* fait aussi *bénigne*.

muette en passant au féminin. C'est ce que vous aurez
à relever dans votre exercice.

1. Blanc,	blanche.	10. Long,	longue.
2. Sec,	sèche,	11. Doux,	douce.
3. Frais,	fraîche.	12. Jaloux,	jalouse.
4. Franc,	franche.	13. Faux,	fausse.
5. Actif,	active.	14. Pieux,	pieuse.
6. Plaintif,	plaintive.	15. Heureux,	heureuse.
7. Hâtif,	hâtive.	16. Menteur,	menteuse.
8. Naïf,	naïve.	17. Beau,	belle.
9. Craintif,	craintive.	18. Nouveau,	nouvelle.

1. La lune répand autour de nous une lumière *blanche* qui ne
blesse pas la vue. — La voie lactée est, dans l'azur des
cieux, une bande *blanche* et inégale, où l'œil nu ne distingue pas une seule étoile.
2. Tu n'aimes pas les réponses *sèches*; ne sois pas *sec* envers les
autres.
3. Dès le mois d'août, les matinées et les soirées commencent
à devenir *fraîches*, et il convient d'être suffisamment vêtu.
4. Sois *franc* envers ta sœur, car tu exiges qu'elle soit *franche*
à ton égard. — Les hommes aiment à avoir les coudées
franches, pour agir à leur gré.
5. L'abeille et la fourmi sont actives pendant toute la bonne
saison.
6. Du sein de la misère s'élèvent des voix *plaintives* contre les
riches à cœur de bronze.
7. Les poires et les pommes *hâtives* nous sont très-agréables
dans les chaleurs de l'été.
8. On aime dans les enfants un air *naïf* et des paroles *naïves*,
coulant de source sans la moindre affectation.
9. La *craintive* mésange, piquant des miettes sur le banc de ma
fenêtre, regardait avec méfiance autour d'elle.
10. Que les nuits sont *longues* pour le malade que la douleur
empêche de dormir!
11. Le silure, connu en Suisse sous le nom de saluth, est le géant
des eaux *douces* d'Europe, car il a plus de deux mètres
de longueur, et il pèse jusqu'à cent cinquante kilogrammes.
12. Que je plains les *jaloux* et les *jalouses*, dont l'âme est toujours malade et souffrante!
13. Les hommes *faux* sont dans la société comme la *fausse*
monnaie.
14. Vous serez vraiment *pieux* si vous aimez tous vos semblables
par amour pour votre Père et le leur.
15. Les hommes ne peuvent pas être *heureux* tant qu'ils n'ont
pas un cœur honnête et bon.
16. On peut être *menteur* sans ouvrir sa bouche, et comment
cela?
17. L'œillet est *beau*; mais, à mon goût, la rose est encore plus
belle.
18. Les Athéniens, lorsque saint Paul arriva dans leur ville,

étaient *curieux* d'apprendre de lui quelque chose de *nouveau*. — Il leur apporta une doctrine *nouvelle* pour eux, quand il leur parla du Dieu auquel ils avaient dressé un autel sans le connaître.

38. — Terminaisons ABLE et IBLE.

Nous formons beaucoup d'adjectifs en ajoutant à des radicaux de différentes classes les terminaisons *able* et *ible*. Voyez :

Louer, louable. La peine, pénible.

Louable veut dire : qui peut ou doit être loué. *Pénible* signifie : qui cause de la peine. Dans votre exercice, vous n'omettrez pas l'explication des nouveaux adjectifs.

1. Remarquer,	remarquable.	9. Voir,	visible.
2. La misère,	misérable.	10. Redouter,	redoutable.
3. La paix,	paisible.	11. Pouvoir,	possible.
4. Aimer,	aimable.	12. Comparer,	comparable.
5. Lire,	lisible.	13. Servir,	serviable.
6. Fléchir,	flexible.	14. Sembler,	semblable.
7. Admirer,	admirable.	15. Le ris,	risible.
8. Le gué,	guéable.	16. La charité,	charitable.

1. L'eider est l'espèce de canard la plus *remarquable*, à cause de la célébrité dont jouit son duvet, qu'on appelle édredon.
2. Il n'y a rien de si *misérable* qu'un homme qui a des reproches à se faire.
3. Le Seigneur a marché au supplice comme l'agneau *paisible* que l'on conduit à la boucherie.
4. Si vous voulez qu'on *aime*, rendez-vous *aimable*.
5. Ne vous contentez pas d'avoir une écriture *lisible*, mais rendez-la régulière, sinon élégante.
6. On fait des nattes, des corbeilles et des claies avec les rameaux *flexibles* de l'osier et d'autres végétaux semblables.
7. Chez les insectes, le Créateur a remplacé l'assistance des parents par d'*admirables* instincts.
8. A la crue des eaux, nos petites rivières cessent d'être *guéables*.
9. Dieu est un pur esprit, et il n'est pas *visible* pour nos yeux de chair; mais ne *voyons*-nous pas partout des œuvres de sa puissance, de sa bonté, de sa sagesse?
10. L'aurochs du Caucase, le bison d'Amérique et le yack du Thibet se servent d'une manière *redoutable* des cornes que la nature a placées sur leur front.
11. Le Créateur a reproduit la vie sur la terre, dans l'eau et

dans l'air, et il nous la montre sous toutes les formes *possibles*.

12. Rien n'est *comparable* aux combats que livre la baleine à ceux qui attaque son baleineau ; elle renverse, elle anéantit tout ce qui le menace.

13. Soyons *serviables* envers nos semblables, car c'est ainsi que nous nous montrerons dignes du Père commun.

14. L'insecte que nous appelons tourniquet se construit avec une matière *semblable* à du papier gris, une coque qu'il fixe aux feuilles des roseaux.

15. Rien n'est plus *risible* qu'un enfant prétentieux.

16. On ne saurait, sans en être touché, lire la parabole du Samaritain *charitable*.

(Reprise des dérivés pour faire retrouver les radicaux.)

39. — Terminaison EUX.

Nous formons un grand nombre d'adjectifs en ajoutant à d'autres mots la terminaison *eux*, qui au féminin devient *euse*. Cette terminaison attribue au sujet dont il est question la qualité, l'action, la possession, le mérite que le radical exprime. Il peut ordinairement se rendre par les mots : *qui a de*. Vous traduirez les nouveaux adjectifs dans l'exercice que vous allez faire.

1. L'envie,	envieux.	10. Le prix,	précieux.
2. Une merveille,	merveilleux.	11. L'astuce,	astucieux.
3. Le point,	pointilleux.	12. La paresse,	paresseux.
4. La gloire,	glorieux.	13. La présomp-	présomp-
5. Le péril,	périlleux.	tion,	tueux.
6. Le courage,	courageux.	14. Le soin,	soigneux.
7. Un ombrage,	ombrageux.	15. Un caprice,	capricieux.
8. Le froid,	frileux.	15. La peur,	peureux.
9. Les ténèbres,	ténébreux.		

1. On est *envieux* quand on voudrait avoir à soi ce que la Providence a donné à d'autres.

2. Les industries des animaux sont *merveilleuses*, mais c'est en eux un instinct et non un art.

3. Les caractères *pointilleux* ne trouvent pas de paix dans la vie, et ils n'en laissent guère aux autres.

4. De quoi serions-nous *glorieux*, nous qui avons reçu tout bien d'en haut?

5. On voit les singes varier à l'infini les sauts *périlleux*, les attitudes les plus grotesques et les gestes les plus bizarres.

6. L'homme *courageux* est celui qui brave le danger quand il le faut, et qui l'évite s'il est possible.

7. Un cheval *ombrageux* s'épouvante de son *ombre*, s'il vient à l'apercevoir.

8. On devient *frileux* quand on prend l'habitude de se tenir toujours près du feu.

9. Pour éclairer les choses *ténébreuses* de la vie, il faut allumer le flambeau de l'éternité.

10. La liberté est si *précieuse* aux oiseaux que la plupart meurent en captivité.

11. Ne te fie point aux présents des hommes *astucieux* : ils ressemblent trop à l'hameçon.

12. Les *paresseux* ne viendront à bout de rien tant qu'ils resteront dans les bras de la *paresse*.

13. Quand on a une trop haute idée de son savoir et de ses forces, on est *présomptueux*.

14. La poule est très-*soigneuse* de tout ce qui tient à la conservation de ses poussins.

15. Les enfants *capricieux* sont comme la girouette sur le toit, lorsque les vents varient à tout instant.

16. Les *peureux* sont à plaindre, car ils vivent dans des frayeurs continuelles.

(Reprise des dérivés pour faire retrouver les radicaux.)

40. — Continuation.

Nous revenons aux adjectifs dérivés qui sont formés par la terminaison *eux*. Il en est dont il importe beaucoup de bien comprendre le sens. Rien ne devra être changé aux exercices précédents. Ce sera à vous à trouver le radical.

1. Mousseux,	la mousse.	8. Vertueux,	la vertu.
2. Avaricieux,	l'avarice.	9. Religieux,	la religion.
3. Orgueilleux,	l'orgueil.	10. Majestueux,	la majesté.
4. Ambitieux,	l'ambition.	11. Pompeux,	la pompe.
5. Vicieux,	le vice.	12. Délicieux,	les délices.
6. Soupçonneux,	le soupçon.	13. Joyeux,	la joie.
7. Minutieux,	une minutie.	14. Soucieux,	le souci.

1. Les vins *mousseux* ont un agréable piquant à la bouche.

2. Elle s'est montrée *avaricieuse* envers ces pauvres enfants, et elle a été sourde à leurs prières.

3. L'homme, qui a tout reçu d'en haut et qui n'a rien à lui, aurait-il quelque raison d'être *orgueilleux* ?

4. Les *ambitieux* ne sont jamais contents, parce qu'ils ne se trouvent jamais assez haut placés dans la vie, jamais assez distingués.

5. Qui préfère à son devoir toute autre chose est un homme *vicieux*, quel que soit son *vice*.

6. Penser mal de nos semblables sur de légères apparences, c'est être *soupçonneux*.

7. On s'en tire mal dans la vie quand on est regardant et *minutieux* dans les affaires.

8. Mettre le devoir avant tout, quoi qu'il nous en coûte, c'est être *vertueux*. — La *vertu* n'est pas faite pour les lâches, car elle est la force de faire le bien en dépit de toutes les tentations et de tous les obstacles.

9. La *religion* est la chaîne d'or qui lie la terre au ciel. — Tu es vraiment *religieux* si, pour plaire à Dieu, tu fais le bien et évites le mal.

10. Rien de *majestueux* comme le ciel étoilé dans une nuit claire.

11. Le lever de la pleine lune est beau, mais il n'est pas *pompeux* comme celui de l'astre du jour.

12. Le Ciel, dans sa bonté, ne s'est pas contenté de pourvoir strictement à nos besoins ; il nous a donné toute espèce de fruits *délicieux*.

13. Comme les petits oiseaux sont *joyeux* dans les beaux jours du printemps !

14. Une *soucieuse* et tendre mère est un bienfait que l'on tient de la bonté divine.

(Reprendre les dérivés pour faire retrouver les radicaux.)

41. — Terminaisons AL et EL.

Quelques adjectifs dérivés en *al* font *aux* au masculin pluriel, tandis que leur féminin se forme, selon la règle, par l'addition d'un *e* muet. Ceux en *el* doublent le *l* au féminin, pour conserver à l'*e* le son grave, sans qu'on soit obligé d'y mettre l'accent. Vous aurez soin de relever ces choses, quand votre exercice vous en fournira l'occasion.

1. Le fils,	filial.	10. Le père,	paternel.
2. Un animal,	animal [1].	11. La mère,	maternel.
3. Un végétal,	végétal.	12. Le frère,	fraternel.
4. Le matin,	matinal.	13. La chair,	charnel.
5. La commune,	communal.	14. Le temps,	temporel.
6. La brute,	brutal.	15. Le crime,	criminel.
7. Le colosse,	colossal,	16. La personne,	personnel.
8. Le parti,	partial.	17. Je vends,	vénal.
9. Le cœur,	cordial.		

1. La piété *filiale* doit s'élever de nos parents vers Celui qui nous les a donnés pour prendre soin de notre enfance.

2. Nous portons en nous des dispositions *animales* que nous devons régler, si nous voulons être des hommes.

3. Bonnet a nommé les deux moitiés d'un haricot mamelles *végétales*, parce qu'elles allaitent le germe.

---

1. Quelquefois le même mot est un nom désignant un objet, et il est en même temps un adjectif marquant simplement une qualité.

4. Le coq *matinal* nous annonce le jour longtemps avant qu'il commence à poindre.
5. Les bois que les castors emploient pour former leurs digues poussent de nombreux rejetons, et le village a son bois *communal*.
6. Un homme ne saurait guère se dégrader plus que par une conduite *brutale*.
7. On trouve en divers pays des arbres d'une taille *colossale*, qui, dans leur cavité, offrent un asile commode à quantité de personnes.
8. Un juge qui épouse un *parti* dans les causes est un juge *partial*.
9. Rien n'est plus doux pour des hommes que l'accueil *cordial* qu'ils se font les uns aux autres.
10. C'est en imitant la bonté *paternelle* de Dieu, que nous l'honorons.
11. Le tigre, quoique né cruel, ne porte point la dent sur le sein *maternel*.
12. La charité *fraternelle* est le signe auquel le Sauveur a voulu que l'on reconnût ses disciples.
13. Les hommes *charnels* s'occupent du corps et de ses jouissances, et l'âme immortelle ne leur est rien.
14. Les aumônes que nous faisons au nom du Ciel ne sont plus des biens *temporels*.
15. Le *criminel* est forcé de se mépriser lui-même, et c'est là sa première punition.
16. L'intérêt *personnel* nous rend petits et vils aux yeux de la terre et des cieux.
17. Le misérable qui met à prix d'argent sa personne, sa conscience et son honneur, est une âme *vénale* et digne de tout notre mépris.
(Reprise des radicaux pour faire retrouver les dérivés.)

42. — Terminaisons IF et QUE.

D'autres adjectifs dérivés se forment au moyen des terminaisons *if* et *que*. La première, comme vous savez, fait *ive* au féminin; l'autre, ayant déjà l'*e* muet, est la même pour les deux genres. Continuez les exercices d'usage.

1. Vindicatif,	venger.	8. Angélique,	un ange.
2. Evasif,	évader.	9. Colérique,	la colère.
3. Craintif,	la crainte.	10. Pacifique,	la paix.
4. Processif,	le procès.	11. Gigantesque,	le géant.
5. Abusif,	un abus.	12. Héroïque,	le héros.
6. Lucratif,	le lucre.	13. Honorifique,	l'honneur.
7. Fugitif,	la fuite.	14. Asiatique,	l'Asie.

1. Un homme *vindicatif* croit montrer du courage, et il ne fait preuve que de faiblesse.

2. On donne des réponses *évasives*, quand on ne veut pas dire la vérité.

3. La petite fille *craintive* se sauve dans les bras de sa mère à l'approche d'un étranger, ou va se cacher derrière elle.

4. Les personnes *processives* soulèvent des *procès* sans bonnes raisons, et ne laissent pas plus de repos aux autres qu'elles n'en ont elles-mêmes.

5. Un usage est *abusif*, dès qu'il est contraire aux règles.

6. Il y a dans la société des fonctions *lucratives*, et la foule se porte vers elles.

7. Les moments de la vie sont *fugitifs* comme des ombres, et il faut les saisir au passage, pour ne pas les perdre sans retour.

8. Peut-on dire de vous que vous avez une patience *angélique* ?

9. Les personnes *colériques* s'irritent d'un rien, et se conduisent dans leur colère comme des insensés.

10. Heureux les *pacifiques*, a dit le Sauveur, car ils seront les enfants de Dieu.

11. Le baobab a des proportions *gigantesques*, car il a jusqu'à onze mètres de diamètre.

12. Il faut une patience *héroïque* à la mère qui, en échange de ses soins, n'entend pendant longtemps que les cris et les pleurs de son nourrisson.

13. Les titres *honorifiques* sont un aliment bien léger, qui ne saurait apaiser la faim de l'âme.

14. Nos meilleurs fruits ainsi que nos épices sont d'origine *asiatique*.

    (Reprise des radicaux pour faire retrouver les dérivés.)

43. — Terminaisons IER et ER.

Au féminin, certains adjectifs dérivés en *ier* et *er* font entendre le *r*, et le *e* qui précède devient grave avec accent. C'est ce que vous relèverez avec soin dans votre exercice.

1. La part,	particulier.	9. La dépense,	dépensier.
2. Le mensonge,	mensonger.	10. La guerre,	guerrier.
3. Le fruit,	fruitier.	11. La vie,	viager.
4. Nourrir,	nourricier.	12. Gauche,	gaucher.
5. La chair,	carnassier.	13. Étrange,	étranger.
6. Le passage,	passager.	14. Le potage,	potager.
7. La grimace,	grimacier.	15. Le ménage,	ménager.
8. La case,	casanier.	16. Une œuvre,	ouvrier.

1. L'acacia a un feuillage *particulier*, et sa fleur forme de belles grappes blanches ou roses.

2. Ne vous fiez pas aux rêves, car ils sont *mensongers*.

3. Les arbres *fruitiers* sans culture produisent des fruits âpres.

4. Les végétaux pompent la séve *nourricière*, en terre par leur racine, et dans l'air par toute leur surface.

5. Les grands animaux *carnassiers* ne font que peu de petits, et c'est ainsi qu'ils ne troublent point l'équilibre du règne animal.

6. L'hirondelle *passagère* nous quitte en automne, et revient au printemps dans le nid qu'elle avait bâti.

7. Les enfants *grimaciers* devraient laisser leurs *grimaces* aux singes.

8. Une mère de famille mène une vie *casanière* au milieu de ses enfants et de son ménage. — Les nègres, en Amérique, n'habitent pas des maisons, mais de simples *cases*.

9. Une demoiselle *dépensière* fait craindre qu'elle ne soigne mal les intérêts d'un ménage qui pourraient lui être confiés.

10. C'est chez les peuples barbares que se développe de préférence la valeur *guerrière*.

11. Le maître a fait une rente *viagère* aux fidèles serviteurs qui ont vieilli à son service.

12. Un accident à la main droite a rendu cette fille *gauchère*, sans que pour cela elle soit *gauche* dans ce qu'elle fait.

13. Les oies sauvages sont *étrangères* chez nous; elles ne font qu'y passer en allant du nord au midi.

14. Les herbes *potagères* ne nous servent pas seulement pour des *potages*, mais pour toute sorte de mets.

15. L'homme doit être *ménager* du temps, qui passe rapidement et ne revient plus.

16. C'est sur les abeilles *ouvrières* que reposent le travail et la prospérité de la ruche.

(Reprise des dérivés pour faire retrouver les radicaux.)

44. — Terminaisons AIRE et U.

Les terminaisons en *aire* et en *u* nous fournissent aussi des adjectifs dérivés. Dans votre exercice, vous expliquerez le sens de ces adjectifs. Nous commencerons par ceux en *aire*, que je vous dirai, et dont vous aurez les radicaux à trouver.

1. Salutaire,	le salut.	8. Goulu,	la gueule.
2. Volontaire,	la volonté.	9. Touffu,	la touffe.
3. Ordinaire,	l'ordre.	10. Têtu,	la tête.
4. Tutélaire,	le tuteur.	11. Crochu,	le croc.
5. Contraire,	contre.	12. Bossu,	la bosse.
6. Angulaire,	un angle.	13. Chevelu,	le cheveu.
7. Solitaire,	seul.	14. Charnu,	la chair.

1. Rien n'est plus *salutaire* à l'homme qu'une table frugale avec du travail.

2. Il y a des enfants *volontaires*, et l'éducation doit s'empresser de les corriger à temps.

3. C'est en tenant compte de la marche *ordinaire* de la nature que les physiciens en ont découvert les lois.

4. Vos parents sont les anges *tutélaires* que le ciel vous a donnés pour diriger vos jeunes ans.

5. Rien n'est plus *contraire* à la loi du Père commun que l'égoïsme, qui nous fait oublier ou sacrifier nos semblables à nos intérêts personnels.

6. Le Sauveur est la pierre *angulaire* sur laquelle est bâtie son Église, qui a bravé les siècles et les bravera toujours.

7. Le ver *solitaire* s'établit dans les intestins de l'homme, et acquiert quelquefois une longueur peu croyable.

8. Il y a un animal qu'on appelle le *goulu* : convient-il que l'homme suive son exemple ?

9. Les oiseaux nichent volontiers dans les arbres *touffus*, parce qu'ils y trouvent une plus grande sûreté.

10. On appelle *têtus* les enfants qui agissent obstinément à leur *tête* ; on les compare à un animal aux longues oreilles.

11. L'aï ou le paresseux a des doigts *crochus*, qui l'attachent aux arbres même après sa mort.

12. Esope était *bossu*, et ses fables nous prouvent que sa *bosse* ne nuisait en rien à son esprit.

13. Absalon était très-*chevelu*, et, dans sa fuite, il est resté suspendu à un arbre par sa longue et forte *chevelure*.

14. De même qu'on dit des hommes *charnus*, on appelle aussi plantes et feuilles *charnues* celles qui ont un tissu épais.

(Reprise des radicaux pour faire retrouver les dérivés des deux terminaisons.)

45. — Terminaisons AIS, OIS, ET et ATRE.

Nous avons des terminaisons d'adjectifs dérivés dont nous nous servons particulièrement pour désigner l'origine et le séjour des hommes et des peuples. Ce sont *ais* et *ois*. Je vous dirai de semblables adjectifs, et vous commencerez par me dire les radicaux, pour continuer vos exercices ordinaires.

1. Le Français,	la France.	5. Le villageois,	le village.
2. L'Anglais,	l'Angleterre.	6. Le bourgeois,	le bourg.
3. Le Polonais,	la Pologne.	7. Le Fribourgeois,	Fribourg.
4. Le Maltais,	Malte.		

1. Les *Français* habitent le plus beau pays de l'Europe, et ils ont pour le commerce des débouchés sur l'Océan et sur la Méditerranée.

2. Les *Anglais* sont des insulaires qui ont des possessions dans toutes les parties du monde.

3. Les *Polonais* ont été nommés les Français du Nord.

4. Les *Maltais* étaient naguère gouvernés par un ordre de chevaliers, et ils sont tombés au pouvoir de l'Angleterre.

5. Les citadins méprisent assez communément les *villageois*, mais aussi les villageois les payent-ils de retour.
6. Les *bourgeois* s'adonnent au négoce, et cultivent les métiers et les arts.
7. Les *Fribourgeois* se vantent d'avoir le pont suspendu le plus long et le plus hardi qu'il y ait en Europe.

Il nous reste encore à relever deux terminaisons d'adjectifs qui toutes deux servent à former des diminutifs, dont vous indiquerez le sens. L'une est en *et*, qui au féminin fait *ette* en doublant le *t* ; l'autre est en *âtre*, avec accent circonflexe sur l'*a*, qui est long dans la prononciation.

1. Fol,	follet.	5. Noir,	noirâtre.
2. Pauvre,	pauvret.	6. Gris,	grisâtre.
3. Mol,	mollet.	7. Fol,	folâtre.
4. Rouge,	rougeâtre.		

1. Les feux *follets* voltigent dans l'air à peu de distance de la terre, d'où s'élèvent des vapeurs qui s'enflamment.
2. La *pauvrette* manque quelquefois du nécessaire et ne sait pas toujours où prendre à dîner.
3. Les enfants se régalent bien avec du pain *mollet*.
4. Il y a eu un incendie dans la nuit, car le ciel était *rougeâtre*.
5. A la pointe de l'Afrique, les indigènes ne sont plus des nègres, car leur peau n'est plus que *noirâtre*.
6. La couleur *grisâtre* du lièvre ne s'aperçoit pas bien dans le chaume, et le lièvre échappe ainsi au chasseur qui n'a pas de chien.
7. Les grandes personnes se montrent quelquefois *folâtres*, aimant à jouer et à rire comme des enfants.
   (Reprise des dérivés pour faire retrouver les radicaux.)

§ IV. — MÉLANGE DE DÉRIVÉS PAR SYLLABES FINALES.

46. — Première série. — Supériorité de l'homme sur les animaux.

Nous allons reprendre les différentes terminaisons qui nous servent à former des noms, des verbes et des adjectifs dérivés. Ce sera un mélange, que nous ferons pendant quelques leçons, et dans ce mélange, il y aura quelques désinences plus rares qui n'ont pas encore paru, mais que vous reconnaîtrez aisément, habitués que vous êtes à trouver les radicaux dans les dérivés.

Je vous énoncerai dans chaque leçon une série de pensées. Après avoir répété mes paroles, vous ferez sur chacune vos réflexions comme par le passé. Après cela, vous relèverez les mots dérivés qui s'y trouveront, et vous m'indiquerez les radicaux, ainsi que les finales muettes que leur orthographe exige. De plus, il faudra me dire à quelle classe de mots appartiennent soit le radical soit le dérivé, et m'en indiquer le genre, le nombre et l'orthographe, quand je vous le demanderai. Vous souvient-il bien de tout ce que vous aurez à faire ?...

1. L'orang-outang est un animal qui, à l'extérieur, a le plus de *ressemblance* avec l'homme.
2. Il apprend avec la plus grande *facilité* à boire dans un verre, à manger avec une *fourchette* ou une *cuiller*, et à se servir d'une *serviette*.
3. Il se tient près de la table où son maître est assis, et fait le *service*, comme le ferait un domestique ou une *servante*.
4. Il y a sans doute en tout cela de l'*imitation*, mais on ne saurait nier qu'il n'y ait aussi de l'*adresse* avec de l'*intelligence*.
5. Quand il a faim ou soif, il va prendre lui-même sa *nourriture* et sa *boisson*, tout comme le fait un homme.
6. S'il a froid, il cherche partout sa *couverture* ou tout autre *vêtement*, pour en faire le même *usage* que nous.
7. Il arrange son lit à notre *manière*, et relève aussi la partie où doit être sa tête.
8. Il a observé que la clef des *armoires* se trouve *ordinairement* dans la poche du *gardien*.
9. Il va donc *honnêtement* lui demander la clef par des signes; car, sans être sourd, il reste à jamais *muet*.
10. Il va ensuite, avec l'*expression* de la *gaieté* sur le *visage*, ouvrir la *porte* et prendre ce qu'il désire.
11. L'objet qu'il veut est-il hors de sa *portée*, il montera sur une chaise pour le saisir.
12. D'autres singes *demeurant* dans l'*habitation* de l'homme peuvent aussi recevoir une éducation *semblable*.
13. Cependant ces qualités d'emprunt s'effacent chez les animaux à mesure qu'ils *avancent* en âge.
14. La plupart cessent d'être dociles et *traitables*, et quelques-uns retombent dans leur *ancienne* sauvagerie.

15. D'ailleurs, ils ne sont que de serviles *imitateurs* de l'homme, sans jamais devenir *inventeurs* comme lui.

16. L'amour du vrai, du *beau* et du bon leur est tout à fait *étranger*, et ils n'ont pas ombre de *piété*.

17. Ainsi, malgré toutes les *ressemblances* de forme et *d'organisation*, il y a un abîme entre les brutes et l'homme qui, seul sur la terre, est créé à l'image de Dieu.

18. C'est à lui à faire valoir sa *dignité* en marchant sur les traces de son Père *céleste* [1].

47. — Deuxième série. Architecture des animaux.

1. Le lion et le tigre, armés d'ongles *tranchants* et d'une *mâchoire redoutable*, *reposent* en paix au seuil d'une caverne.

2. Les huttes qu'élèvent les orangs dans leurs forêts diffèrent peu des *cabanes* des *sauvages*.

3. Durant l'été, les castors vivent *solitaires*, par familles, dans des terriers qu'ils *creusent* sur les bords des fleuves ou des lacs.

4. Les lapins, les blaireaux, les renards et les marmottes sont aussi des animaux *fouisseurs*, qui vont se *réfugier* dans la terre pour se *garantir* des injures de l'air, et s'y mettre en *sûreté* contre leurs ennemis.

5. La taupe est l'un des premiers *mineurs*, et, comme elle vit au jour le jour, elle *mine* le sol en tout sens, pour aller à la chasse des insectes

6. Les oiseaux emploient les *artifices* les plus variés pour construire le *berceau* de leurs petits, et protéger le précieux dépôt qui leur est confié.

7. Les grosses espèces d'oiseaux, surtout celles qui ne perchent pas, posent souvent entre des herbes un nid *grossièrement* ébauché.

8. L'aigle bâtit le sien dans la *crevasse* d'un roc élevé et *barricade* l'entrée avec des pièces de bois et des *branchages*.

9. Les petits oiseaux deviennent *tisserands*, *tailleurs*, *charpentiers*, *vanniers*, et même *constructeurs* de bateaux, pour faire un *nid* convenable à leur couvée.

10. Le pivert *maçon niche* dans un trou d'arbre, et, au besoin, il fait la *maçonnerie* pour en diminuer l'*ouverture*.

11. Les termites en Amérique construisent, pour y mettre leurs œufs, des *villages* avec leurs cônes de plusieurs pieds de hauteur.

12. Les *fourmilières*, les *guêpiers* et les ruches nous montrent que les plus petits insectes sont doués de talents pour faire les *constructions* qui leur sont nécessaires.

---

1. Je me fais un devoir et un plaisir de dire que, dans ces six leçons, j'ai puisé dans le *Spectacle de la Nature*, rédigé par M. Cossé, que la nouvelle *Bibliothèque d'Éducation* a publié, et dont je recommande la lecture à côté du *Cours éducatif de langue maternelle*.

13. Si les animaux sont *industrieux*, leurs *industries* ne sont pas le *résultat* de leurs études ; car, pour le fond, elles naissent toutes avec eux.

14. Elles leur sont *données* avec la vie par le *Créateur*, bien que d'une manière tout à fait *mystérieuse* pour nous.

15. L'homme ne naît pas *architecte*, car toute son *architecture* est le fruit de ses *réflexions*, et varie selon les lieux et les temps.

16. Et que sont nos *constructions* les plus *majestueuses* à côté de la mécanique des cieux, et même d'un seul brin d'herbe, qui porte en lui-même le principe de sa *croissance* et de sa *propagation* ?

48. — Troisième série. Nutrition des animaux.

1. Les herbes des *prairies*, le *feuillage* des arbres, les *graines* et les fruits servent à la *nutrition* de tous les animaux herbivores, depuis le *puceron* jusqu'à l'éléphant.

2. Au nombre des *herbivores* sont : l'abeille, qui nous donne son miel ; la poule, qui nous pond des œufs ; et la vache, dont nous aimons le *laitage* et la *chair*.

3. La brebis, qui nous fournit des *vêtements*, et le cheval, qui nous aide à *labourer* nos champs et nous sert de *monture*, sont aussi des herbivores.

4. Dans ce nombre se trouvent encore ces gentils oiseaux qui nous *égaient* de leurs jolies *chansons*, et qui *alimentent* aussi nos tables.

5. Cependant les oiseaux ont aussi besoin de *vermisseaux* et d'insectes pour vivre : c'est dans cette pâture qu'ils trouvent les *sucs nourriciers* qu'exigent en même temps leurs besoins et leurs *goûts*.

6. Les insectes servent aussi de *pâture* à de plus grands oiseaux, quand ceux-ci ne trouvent pas de quoi faire un meilleur repas.

7. Une *barrière* est ainsi posée à la trop grande *multiplication* de ces animaux, dont l'excès finirait par enlever à l'homme toute *nourriture végétale*.

8. Reste-t-il quelque *verdure* là où arrivent quelquefois ces vols de *sauterelles* qui *obscurcissent* le ciel avant de dévaster la terre ?

9. Les herbivores de toutes les classes ont aussi besoin d'être contenus dans de justes limites, et ce sont les oiseaux carnassiers qui ont reçu la tâche de *borner* leur *propagation*.

10. Les bêtes féroces, parmi lesquelles on distingue le lion et le tigre, remplissent la même tâche à l'égard des *mammifères*, dont l'excès deviendrait nuisible à l'équilibre général des *créatures vivantes*.

11. D'autres carnassiers sont chargés de dévorer les cadavres qui, par leur *pourriture*, répandraient dans l'air l'*infection* et la mort.

12. C'est ainsi que le *Créateur* a pourvu à l'*alimentation* de l'homme et à la *salubrité* de sa demeure.

13. Les ruisseaux, les rivières, les lacs et la mer sont aussi les *tributaires* de l'homme, car il y jette son hameçon et ses *filets*, et il en retire des poissons pour sa table.

14. Toutefois la baleine, ce géant *marin*, ne lui fournit pas de la chair *mangeable*, mais de l'huile, une matière grasse, dite *blanc de baleine*, et des fanons, qu'il sait *utiliser* de différentes *manières*.

15. Les eaux douces, ainsi que les eaux *salées*, ont leurs bêtes carnassières, et elles en ont aussi besoin.

16. En général, les plus grands *destructeurs* des races vivantes parmi les animaux sont en *réalité* les plus *puissants* conservateurs de la vie, qui ne se soutient que par la mort.

49. — Quatrième série. Association parmi les animaux.

1. Parmi les animaux, il en est qui mènent une vie *solitaire*, et d'autres qui vivent plus ou moins en société.

2. Nous ne comptons point parmi les animaux sociables ces moineaux qui vont en troupe *butiner* dans les *campagnes*, et se séparent bien vite sans avoir d'attachement les uns pour les autres.

3. Ils font *pendant* à ces hommes pervers qui parmi nous s'*unissent* un moment pour quelque brigandage, et se séparent dès qu'ils ont partagé leur butin.

4. Les loups forment aussi un *attroupement* de guerre, et après l'expédition chacun retourne *silencieux* dans sa *solitude*.

5. Les geais, au contraire, les corbeaux et d'autres oiseaux gardent leurs petits jusqu'au printemps *suivant*, et forment avec eux une société *annuelle*.

6. Ces petites bandes de bouvreuils que nous voyons en été sont aussi des familles auxquelles se mêle rarement un *étranger*.

7. Les chevreuils ne forment pas de grands *troupeaux* comme les cerfs, mais les faons vivent longtemps avec leur père et leur mère, sans contracter une *alliance étrangère*.

8. Les castors nous offrent un exemple *remarquable* d'une *association paisible* et heureuse, bien que leur république se compose quelquefois de deux à trois cents *individus*.

9. Une *communauté amicale* existe parmi les *amis* d'Amérique dès leur *naissance*, et ils construisent en commun des nids qui servent à plusieurs femelles et plusieurs *couvées* à la fois.

10. Regardez une *fourmilière* ou une ruche d'abeilles, et voyez à quel point est porté l'instinct social chez ces petits animaux, et quels sont les résultats de l'entente et de la fidélité mutuelle.

11. Sur les Alpes et les Pyrénées, on voit un chamois placé en sentinelle sur la pointe d'un *rocher*, tandis que ses compagnons broutent *paisiblement* la carline et le genépi.

12. Les singes sont très-*soigneux* d'établir de semblables *surveillants* lorsque la bande *chemine* vers un champ ou un

verger qu'elle va piller et qu'elle pille toujours *impunément*.

13. Mais la *parole*, ainsi que la raison, la conscience et la *piété*, restent le privilège *exclusif* de l'homme.

14. Les bêtes ont beau vivre en société, cette société n'est que le résultat des besoins grossiers de la vie, et la *réunion* ne produit pas le plus mince progrès.

15. Chez nous, la société n'amène pas un progrès *sensible* seulement dans les sciences et les arts, mais sensible encore sous le rapport de l'*humanité*.

16. C'est le *christianisme* qui *avancera* de plus en plus la culture des *nations* partout où il sera reçu avec foi et suivi avec *dévouement* et *fidélité*.

50. — Cinquième série. Voyages des animaux.

1. Dans le règne animal, il se fait des migrations *périodiques* qu'amène *régulièrement* le *changement* des saisons.

2. Les hirondelles n'attendent pas les *frimas* (froid) pour se mettre en *voyage* vers le Midi, mais elles *profitent* des derniers beaux jours.

3. Dès les premiers froids, les *bécasses* descendent de leurs *montagnes*, et se mettent en route pour des pays d'une *température* plus douce.

4. Les cailles sont aussi des oiseaux voyageurs, et on est surpris qu'étant en apparence mal *organisées* pour le vol, elles puissent traverser la Méditerranée pour passer d'Asie en Afrique.

5. Après avoir fait une première *couvée* chez nous, les cigognes vont, pendant l'hiver, en faire une seconde en Egypte et en *Barbarie*.

6. Le vol des oies sauvages, dans leur migration, semble dicté par un instinct *géométrique*; car si elles sont *nombreuses*, elles se rangent sur deux lignes obliques en forme de V, et fendent ainsi l'air avec plus de *facilité*.

7. Tous nos petits oiseaux, sauf quelques rares exceptions, s'en vont en automne pour trouver leur *pâture* sous un ciel plus *favorable*.

8. Si nous en retenons en cage dans la saison du départ, ils éprouvent une grande *agitation*, et s'élancent sans cesse contre les barreaux.

9. Il y a aussi des déplacements *réguliers* et *lointains* pour certains mammifères.

10. Les rennes *sauvages* de l'Amérique *septentrionale* passent tous les ans du Midi au Nord, au mois de mars, pour faire leurs petits dans un climat plus froid.

11. Les gazelles *sautante* sont chassées de l'Afrique méridionale par la *sécheresse* et le manque d'herbe, et elles s'approchent en foule des *contrées* du cap de Bonne-Espérance.

12. Les *peuplades* immenses de lemmings émigrent des Alpes de la *Laponie* vers l'Océan pour se nourrir, et ils suivent dans ce *voyage* une ligne droite à travers toutes les difficultés.

13. Les migrations ont aussi lieu parmi les *habitants* de la mer, et, dans ce milieu *fluide* (fluer), elles se font beaucoup plus *aisément* que sur la terre.

14. Les baleines franches quittent en hiver les mers *polaires* pour faire leurs petits dans un climat moins froid, et elles retournent en mars dans la mer Glaciale.

15. C'est aussi à l'entrée de la mauvaise saison que les harengs, les morues, les saumons viennent *frayer* vers le Midi, et que nos *pêcheurs* en font une si grande capture.

16. Toutes ces migrations concourent *doublement* à la *conservation* du règne animal, et font le profit de l'homme.

17. Elles ne sont pas le fruit de la *prévoyance* et du savoir chez les animaux.

18. Elles sont l'œuvre du Créateur, qui leur en a donné l'instinct *mystérieux* sans doute, mais *évidemment naturel*.

51.   Sixième série. Hibernation de certains animaux.

1. Dès que le froid commence à devenir un peu *rigoureux*, les limaces s'*enfoncent* dans la terre pour *hiberner* (hiverner) dans un profond *engourdissement*.

2. Les escargots ou colimaçons se retirent dans des trous et ferment l'*ouverture* de leur coquille avec une matière *calcaire* (chaux).

3. Les carpes, enfoncées dans la vase, subissent aussi l'*engourdissement hibernal*, sans prendre d'aliments pendant plusieurs mois.

4. Les tortues *terrestres* se *creusent* des espèces de *terriers*, et y passent l'hiver dans le sommeil et le jeûne.

5. Pour se soustraire à la froidure de l'hiver et à la faim, les vipères passent *également* la mauvaise saison dans des trous et souvent enroulées les unes avec les autres.

6. Les orvets se cachent entièrement dans des galeries *souterraines*, qu'ils pratiquent *adroitement* pour leur besoin.

7. L'hirondelle des rivières est la seule qui dorme en hiver dans des trous, et non sous l'eau, comme quelques personnes l'ont *avancé* trop *légèrement*.

8. Quand l'hiver est doux, l'ours ne dort pas durant la *journée*, tandis que son sommeil se prolonge quand le froid est *rigoureux* et dure longtemps.

9. Le loir se *roule* sur un lit de mousse et de matières molles, à l'arrivée de l'hiver, et passe cette saison tout entière dans l'*assoupissement*.

10. Se réveille-t-il par l'effet d'un *adoucissement* de la saison dure, il fait *usage* de sa provision de châtaignes, de noix, de *noisettes*, de faines et de glands, et se rendort après son repas.

11. Le lérot, ce *redoutable* ennemi de nos meilleurs fruits, et *particulièrement* de nos pêches, passe son hiver comme le loir.

12. De tous les mammifères *hibernants*, celui que l'on doit *nommer* en premier est *certainement* la marmotte, qui se *roule* en boule pour dormir.

13. Le hérisson, quand vient le froid, ne se contente pas de l'abri d'une haie ou d'un tas de pierres, mais, comme le porc-épic, il va *hiberner* dans un creux de quelque *profondeur*.

14. Durant l'*hibernation*, les animaux ont l'air d'être morts ; cependant les *naturalistes* ont observé en eux une *respiration*, quoique plus lente et plus faible.

15. Le sommeil leur tient lieu d'aliment, durant une saison où ils ne trouveraient pas l'*alimentation* qui leur est nécessaire.

16. C'est ainsi que le Créateur a pourvu aux besoins des animaux qui n'ont ni ailes, ni *nageoires*, ni des jambes *convenables* pour émigrer comme d'autres.

17. Tout ce qu'il a fait est *admirable*, et demande notre respect le plus profond et la *reconnaissance* la plus vive.

CHAPITRE II.

DÉRIVATIONS PAR INITIALES.

—

§ I. — INITIALES SIMPLES.

52. — Initiales RE ou R.

Jusqu'ici vous avez vu les dérivés se former au moyen d'une terminaison ajoutée aux radicaux, pour en varier la signification. Maintenant nous allons nous occuper des additions que l'on place devant les radicaux, pour leur donner aussi une signification plus ou moins différente. Regardez cet exemple :

Lire.   Relire.

Est-ce que *relire* ne veut pas dire : *lire encore une fois ?....*

Vous voyez donc que par la syllabe initiale *re* nous ajoutons au radical *lire* une signification qu'il n'a pas de lui-même. Voici des dérivés de la même classe. Vous en indiquerez les radicaux, et nous reprendrons sur chaque exemple tous les exercices que nous avons faits jusqu'ici sur les dérivés par syllabes finales ou terminaisons.

1. REbâtir,	bâtir.	9. REtourner,	tourner.
2. REtomber,	tomber.	10. REmonter,	monter.
3. REssaisir,	saisir.	11. REssortir,	sortir.
4. REnaître,	naître.	12. REproduire,	produire.
5. REchercher,	chercher.	13. REvoir,	voir,
6. REgagner,	gagner.	14. REvenir,	venir.
7. REvivre,	vivre.	15. RElever,	lever.
8. REprendre,	prendre.	16. REverdir,	verdir.

1. Julien l'Apostat a voulu *rebâtir* le temple de Jérusalem, mais des feux souterrains ont dévoré les ouvriers et leur ouvrage.

2. En *retombant* plusieurs fois dans une même faute, on en prend l'habitude et l'on devient esclave de cette habitude.

3. Il n'est pas possible de *ressaisir* les moments que l'on a perdus dans l'oisiveté.

4. A l'arrivée du printemps, nous voyons *renaître* la verdure et les fleurs avec les beaux jours.

5. Tous les hommes *cherchent* et *recherchent* le bonheur, mais tous ne prennent pas le bon chemin. — Les nids de l'hirondelle nommée salangane sont très-*recherchés* comme aliment par les Chinois et les Japonais.

6. Quand les tortues marines ont enterré leurs œufs dans le sable du rivage, elles *regagnent* la mer, et laissent au soleil le soin de les faire éclore.

7. Ne faites pas *revivre* d'anciennes animosités, en rappelant ce qui s'est passé.

8. Les écoliers diligents *reprennent* leur travail dès que l'heure a sonné.

9. Les hirondelles *retournent* dans leurs anciens nids, qu'elles n'ont pas oubliés dans leur voyage lointain.

10. Guidés par la mémoire, nous pouvons *remonter* chaque jour le fleuve de la vie.

11. Les canards plongent dans l'eau, et en *ressortent* tour à tour.

12. La grive, avide des baies du gui, contribue à *reproduire* cette plante sur les chênes et les pommiers, en se débarrassant du résidu de sa digestion.

13. Le père et la mère espèrent *revoir* leurs enfants au delà du tombeau.

14. Le Sauveur, après sa mort, est *revenu* au milieu de ses chers disciples, comme il le leur avait promis.

15. Pierre est tombé trois fois avant le chant du coq, mais il s'est *relevé* pour ne plus tomber à l'avenir.

16. Entre les tropiques, les végétaux ne *reverdissent* pas, car ils restent toujours verts.

(Faire trouver d'autres dérivés formés par l'initiale *Re*.)

53. — Continuation.

Lorsque le radical commence par une voyelle, l'initiale *re* du dérivé devient tout simplement *r*. Quelquefois *re* devient *ré* accent aigu. Mais il y a quelque chose de notable à l'égard de cette initiale ; c'est qu'elle ne marque pas toujours la répétition d'une même chose, mais seulement le soin, la force avec laquelle elle a été faite. Vous relèverez cette différence dans votre exercice.

1. Avoir,	Ravoir[1].	10. Couvrir,	REcouvrir.
2. Assembler,	Rassembler.	11. Nouer,	REnouer.
3. Acheter,	Racheter.	12. Présenter,	REprésenter.
4. Entrer,	Rentrer.	13. Luire,	REluire.
5. Appeler,	Rappeler.	14. Tenir,	REtenir.
6. Ouvrir,	Rouvrir.	15. Tirer,	REtirer.
7. Chauffer,	REchauffer.	16. Pousser,	REpousser.
8. Le flux,	le REflux.	17. Sembler,	REssembler.
9. Jeter,	REjeter.		

1. Combien de joueurs voudraient *ravoir* ce qu'ils ont perdu au jeu !

2. A la campagne, un même attrait *rassemble* autour du foyer la vieillesse conteuse et la curieuse enfance.

3. Il n'y a ni rang ni fortune qui puisse *racheter* la honte d'une mauvaise action.

4. Le souverain Maître dit un mot, et il fait *rentrer* dans la poudre les superbes et audacieux mortels.

5. Des bienfaits de notre Père commun *rappelons* toujours la mémoire.

6. Gardez-vous bien de *rouvrir* d'anciennes plaies par des paroles indiscrètes.

7. En couvant ses œufs, l'oiseau les *réchauffe* et fait éclore les germes qui s'y trouvent.

8. Le *flux* et le *reflux* de la mer sont en rapport avec la position de la lune.

9. C'est par leurs évents que les baleines *rejettent* alternativement l'eau qu'elles ont avalée, et respirent l'air de l'atmosphère.

10. La poule d'eau, quittant ses œufs pour se nourrir, les *recouvre* de brins d'herbe jusqu'à son retour.

11. Il est doux de *renouer* connaissance avec d'anciens amis.

12. Le polype appelé sertulaire *représente* une plante avec des fleurs qui sont un amas de polypes de même espèce.

13. Dans l'Amérique méridionale, les taupins cucujos *reluisent* assez dans la nuit, pour qu'à l'aide d'un certain nombre on puisse lire l'écriture fine.

14. Notre alouette des prés ne creuse pas son nid dans la glaise, car rien n'est plus propre à *retenir* l'eau et l'humidité.

15. Durant les frimas, les araignées vont dans des trous attendre que le printemps vienne les *retirer* de leur torpeur.

16. Le Père de toute miséricorde ne *repousse* pas le pécheur qui retourne sincèrement à lui et au bien.

---

1. Ce verbe ne s'emploie qu'à l'infinitif.

17. En hiver, nos arbres et nos arbrisseaux ne *ressemblent* plus qu'à des squelettes debout.

(Trouver d'autres dérivés formés par l'initiale *re* ou *r*.)

54. — Initiale DÉ.

D'autres dérivés se forment par la syllabe initiale *dé*, et à leur tête se trouve le mot *dérivé*, qui vient du radical la *rive* ou le *rivage*. Un mot dérivé n'est-il pas comme un ruisseau qui se détache de la rivière en sortant de ses rives?... L'initiale *dé* exprime donc origine, extraction ou sortie, comme dans notre exemple, et elle signifie *hors, dehors*. Le plus souvent elle donne aux mots auxquels elle se rattache une signification contraire à celle du radical. Vous savez ce que c'est que *plier,* et pour exprimer le contraire, ne dites-vous pas *déplier?*... Dans l'exercice que vous allez faire, vous distinguerez ces deux significations de l'initiale *dé*.

1. Le prix,	DEprécier.	10. Le voile,	DEvoiler.
2. Lier,	DElier.	11. Le rang,	DEranger.
3. Plaire,	DEplaire.	12. Pendre,	DEpendre.
4. Couvrir,	DEcouvrir.	13. Peindre,	DEpeindre [1].
5. Le visage,	DEvisager.	14. Le dommage,	DEdommager.
6. Mêler,	DEmêler.	15. Ployer,	DEployer.
7. Livrer,	DElivrer.	16. Le masque,	DEmasquer.
8. Le trône,	DEtrôner.	17. Pourvu,	DEpourvu.
9. Jeûner,	DEjeuner.	18. Placer,	DEplacer.

1. L'orgueilleux s'applique à *déprécier* les autres pour se faire valoir à leurs dépens.
2. Le Sauveur, ayant rendu la vie à Lazare, ordonna de lui *délier* les membres qu'on avait enveloppés pour l'embaumer.
3. Je crains surtout de *déplaire* à celui qui lit dans mon cœur.
4. L'œil vigilant de la mère *découvre* de loin l'oiseau de proie qui vient à tire-d'aile et la griffe ouverte fondre sur sa couvée.
5. Il est des hommes colériques qui, au moindre mot, voudraient *dévisager* les gens.
6. L'œil nu ne saurait *démêler* les couches d'étoiles dont se compose la voie lactée.
7. L'instant où nous cessons de vivre est celui où le noble esprit est *délivré* de son enveloppe terrestre.

---

1. Faire remarquer l'idée particulière ajoutée dans ce cas au radical par l'initiale *dé*.

8. A la publication de l'Evangile. les impures déités du paganisme furent peu à peu *détrônées*.
9. On a cessé d'être à *jeun* quand on a pris son *déjeuner*.
10. Le Sauveur nous a *dévoilé* le Père céleste, qu'un *voile* couvrait à nos yeux.
11. La mécanique céleste n'obéit qu'à Dieu seul, et la faiblesse de ses créatures ne peut rien y *déranger*.
12. Tout *dépend* du Créateur, et le Créateur ne *dépend* en rien de ses faibles créatures.
13. Delille nous a *dépeint* avec vérité et grâce la nature et les travaux champêtres.
14. Quand on a causé du *dommage* à quelqu'un, n'est-on pas tenu de le *dédommager* ?
15. Le Sauveur a *déployé* dans sa vie une sagesse, une bonté et une puissance divines.
16. Il a *démasqué* les ennemis de la vérité et du bien, parce qu'ils séduisaient l'aveugle et trop confiante multitude.
17. Si les animaux destinés à servir de pâture aux autres sont *dépourvus* d'armes invincibles, ils ont cependant des moyens de leur échapper.
18. Les étoiles fixes gardent toujours leurs mêmes distances, tandis que les planètes et les comètes se *déplacent* sans cesse dans le ciel.

(Trouver d'autres dérivés formés par l'initiale *dé*.)

55. — Continuation.

L'initiale *dé* prend un *s*, et devient *dés* lorsque le radical commence par une voyelle ou une *h* muette; c'est ce que vous allez trouver en continuant la leçon précédente du vocabulaire.

1. Le DESordre,   l'ordre.
2. DESunir,   unir.
3. Le DESespoir,   l'espoir.
4. DEShériter,   hériter.
5. DEShonorer,   honorer.
6. DESobéir,   obéir.
7. DESintéresser, intéresser.
8. DESarmer,   armer.
9. DESaltérer,   altéré.
10. DESennuyer,   ennuyer.
11. DESabuser,   abuser.
12. DESobliger,   obliger.
13. DESorienter,   orienter.
14. DESapprendre,   apprendre,
15. DESenchanter,   enchanter.
16. DEShabituer,   habituer.

1. Il ne faut accuser que notre ignorance, lorsque nous croyons trouver du *désordre* dans les œuvres de Dieu.
2. C'est une bien grande faute que de semer la *désunion* parmi nos semblables.
3. Judas, après son indigne trahison, tomba dans le plus affreux *désespoir*.
4. Un enfant rebelle aux ordres de ses parents mérite d'être *déshérité*.
5. Quiconque aime et pratique le mal *déshonore* en sa personne la dignité humaine.

6. L'homme de nos jours ne se trouve pas miéux de *désobéir* à son Créateur qu'Adam et Eve dans le paradis terrestre

7. Les hommes *intéressés* ressemblent bien peu au divin Sauveur qui a donné pour nous jusqu'à la dernière goutte de son sang.

8. C'est par la patience et la bonté que l'on peut *désarmer* la haine d'autrui.

9. Je n'aime pas le polisson qui s'amuse à troubler la source où il vient de se *désaltérer*.

10. Si tu veux te *desennuyer*, mets-toi au travail pour lequel le Créateur t'a donné la vie.

11. *Désabuse* sans délai ceux que tu as induits en erreur.

12. Quand on aime ses parents, on craint de les *désobéir*.

13. En haute mer, on s'*oriente* avec la boussole, et dans les nuits claires, avec les étoiles. — Les anciens, dépourvus de boussoles, étaient entièrement *désorientés* aussitôt que les nuages leur cachaient le ciel.

14. Il y a une chose qu'il faut *désapprendre* de plus en plus, c'est de faire le mal.

15. Les anciens croyaient aux enchantements, et ils avaient des *enchanteurs* et des *enchanteresses*. — Souvent il ne faut qu'obtenir ce que l'on désirait avec passion pour être bientôt *désenchanté*.

16. On prend vite une *habitude*, et l'on ne se *déshabitue* pas aussi promptement.

(Reprise des radicaux pour faire retrouver les dérivés.)

56. -- Initiale DIS.

L'initiale *dis* sert à former quelques dérivés. Elle marque une séparation, ou nie ce que le radical exprime. Elle produit donc le même effet que les initiales *dé* et *dés*. L's de l'initiale *dis* se change en *f*, lorsque cette consonne commence le radical. Continuez le travail ordinaire sur les mots que je vais vous dire.

1. Le crédit,	le DIScrédit.	9. La facilité,	la DIFficulté.
2. La grâce,	la DISgrâce.	10. La forme,	la DIFformité.
3. Simuler,	DISsimuler.	11. Facile,	DIFficile.
4. Continuer,	DIScontinuer.	12. Famé,	DIFfamer.
5. Paraître,	DISparaître.	13. La parité,	la DISparité.
6. Semblable,	DISsemblable.	14. Poser,	DISposer.
7. La concorde,	la DIScorde.	15. Semer,	DISséminer.
8. La proportion,	la DISpropor-tion.	16. Joindre,	DISjoindre.

1. Un homme *discrédité* pour inconduite notoire a de la peine à rentrer en *crédit*.

2. L'enfant prodigue est revenu de ses égarements, et il a trouvé *grâce* auprès de son père.

3. *Simuler*, c'est feindre ce qui n'est pas, tandis que *dissimuler*, c'est cacher ce qui est.

4. Durant l'hiver, la reine abeille *discontinue* de pondre, et l'araignée *discontinue* de dresser ses filets.
5. Les feux follets se promènent quelque temps sur les marécages, et *disparaissent* subitement.
6. Ces deux frères reçoivent la même éducation, et néanmoins ils sont *dissemblables* dans leurs inclinations et leur conduite.
7. Rien n'est pénible comme de vivre au sein de la *discorde*.
8. Le souverain Juge mettra une exacte *proportion* entre le mérite et le salaire de chacun.   - Toutes les *disproportions* dans un dessin nous blessent la vue.
9. Les chicaneurs ne semblent pouvoir vivre que dans le trouble, car ils soulèvent des *difficultés* sur tout.
10. Nous aimons les belles *formes*, et les *difformités* nous déplaisent et nous rebutent.
11. Cet enfant est *difficile* en toutes choses, et il est rare qu'on puisse le contenter.
12. Quand on a *diffamé* quelqu'un à tort, il faut lui rendre sa réputation.
13. Il y a une grande *disparité* entre un chien élevé à la chaîne et celui qui est admis parmi nous. — Il y a de la ressemblance entre les étoiles fixes et les planètes, mais il n'y a pas de *parité*.
14. Dans les partages qu'il a faits, le testateur a sagement *disposé* de sa fortune. — Les yeux du caméléon sont tellement *disposés*, que l'un regarde en avant et l'autre en arrière.
15. Un général qui *dissémine* (sème çà et là) ses forces s'expose à être battu partout.
16. Ce que Dieu a *joint*, l'homme ne doit pas le *disjoindre*.

    (Reprise des dérivés pour faire retrouver les radicaux.)

57. — Initiale PRÉ.

Plusieurs mots prennent l'initiale *pré*, qui veut dire *avant* ou *devant*. Il en résulte une classe particulière de dérivés, qui sont des noms, des verbes ou des adjectifs. Vous en relèverez la qualité et la signification dans votre exercice ordinaire.

1. PRÉvoir,	voir.	9. PRÉparer,	parer.
2. PRÉdire,	dire.	10. PRÉvenir,	venir.
3. PRÉjuger,	juger.	11. PRÉdominer,	dominer.
4. PRÉvaloir,	valoir.	12. PRÉoccuper,	occuper.
5. PRÉmunir,	munir.	13. PRÉlever,	lever.
6. PRÉposer,	poser.	14. La PRÉcaution,	la caution.
7. PRÉssentir,	sentir.	15. La PRÉvoyance,	voir.
8. La PRÉscience,	la science.	16. PRÉméditer,	méditer.

1. Le Sauveur, qui était instruit d'en haut, a *prévu* tout ce qui devait arriver à sa personne, à ses disciples, à sa patrie et à son Église.

2. En *prédisant* l'avenir comme il l'a fait, le Sauveur nous a prouvé qu'il n'était pas tout simplement un homme comme nous. — Dans le travail et le repos des araignées, des naturalistes ont découvert une *prédiction* du temps qu'il fera.

3. Juger des choses avant de les bien connaître, c'est se laisser aller à des *préjugés*.

4. Ne vous *prévalez* pas de vos bonnes qualités, car elles sont un don de l'Auteur de tout bien.

5. Dans la vie, il faut se *prémunir* contre les tentations, car elles se présentent souvent dans notre chemin. — Dans une place de guerre, il faut des *munitions* de tout genre.

6. A moins que les inférieurs n'obéissent à leurs *préposés*, il ne peut y avoir ni ordre, ni paix, ni bonheur dans les familles ni les Etats.

7. Les animaux ont le *sentiment* de la douleur et du plaisir comme nous. — L'hirondelle voyageuse *pressent* les changements de saison et ce *pressentiment* lui sert de calendrier.

8. L'homme peut avoir la science de ce qui est, mais Dieu seul a la *prescience* de tout ce qui sera. — Les guérisons du Sauveur étaient des miracles de la toute-puissance, et ses prophéties des miracles de sa *science* divine.

9. L'enfant doit se *préparer* par le travail à fournir lui-même à ses besoins, et à tendre une main secourable aux nécessiteux.

10. Voyez ces sœurs hospitalières : avec quelle bonté elles *préviennent* les besoins des malades qui sont confiés à leurs charitables soins !

11. Si les désirs grossiers des sens *prédominent* en toi, tu montres la bête, et je ne vois plus l'homme. — Il y a dans cet enfant un esprit de *domination* qui le rend insupportable et ridicule.

12. Un bon écolier *s'occupe* de ce travail pour le bien faire. — Un homme vivement *préoccupé* d'une chose est comme sourd et aveugle dans une société.

13. Les personnes charitables *prélèvent* la part du pauvre sur leurs dépenses.

14. Ceux qui *prêtent* une somme demandent une *caution* qui en garantisse le remboursement. — Les poissons déposent leur frai sur le sable, et ne prennent nulle *précaution* pour l'avenir.

15. Regardez la nature dans ses plus petits détails, et vous trouverez partout une admirable *prévoyance*.

16. Les fautes longuement *préméditées* méritent une punition beaucoup plus sévère que celles qui se commettent sans *préméditation*.

(Reprise des radicaux pour faire retrouver les dérivés.)

58. — Initiale A.

L'initiale *a* est d'un grand usage pour former des

dérivés, et elle demande généralement que la première consonne du radical soit doublée. Elle a différentes significations, selon les mots qu'elle précède. Exemple:

Ferme, AFfermir.

Le radical est, comme vous voyez, un adjectif. Le dérivé formé par l'initiale *a*, avec redoublement de *f*, est un verbe qui signifie rendre ferme. Les verbes dérivés des adjectifs ont tous une signification semblable, comme vous allez le voir en les traduisant.

1. Doux,	Adoucir.	10. Sûr,	ASsurer.
2. Faible,	AFfaiblir.	11. Grand,	Agrandir.
3. Tendre,	ATtendrir.	12. Sain,	ASsainir.
4. Pauvre,	APpauvrir.	13. Plan,	Aplanir.
5. Propre,	APproprier.	14. Rond,	ARrondir.
6. Bas,	Abaisser.	15. Sujet,	ASsujettir.
7. Franc,	AFfranchir.	16. Serf,	ASservir.
8. Plat,	Aplatir.	17. Vil,	Avilir.
9. Juste,	Ajuster.		

1. L'air s'est bien *adouci* depuis que le vent du nord a cessé de souffler. — L'Évangile *adoucit* les mœurs des peuples les plus sauvages.
2. Au lieu de fortifier l'homme, les boissons spiritueuses finissent par l'*affaiblir*.
3. Il faut avoir le cœur bien dur pour ne pas s'*attendrir* à la vue des misères humaines. — Si les maux d'autrui ne vous *attendrissent* pas, vous n'êtes pas encore devenu homme.
4. Souvent, en amassant des richesses, on *appauvrit* son cœur.
5. S'*approprier* le bien d'autrui, c'est commettre une injustice que la société ne peut laisser impunie.
6. Le divin Sauveur s'est *abaissé* jusqu'à mourir sur un infâme gibet pour nous sauver.
7. Les talents, la beauté, la fortune et les honneurs ne sauraient nous *affranchir* d'aucun de nos devoirs.
8. La peau de l'hippopotame est si épaisse, que les balles ordinaires s'*aplatissent* en la frappant.
9. Il est malheureusement de faux dévots qui cherchent à *ajuster* les vices à la religion.
10. Il faut être bien *sûr* d'une chose pour l'*assurer* aux autres.
11. Lève souvent tes yeux vers le ciel étoilé, et tu *agrandiras* ton âme.
12. On *assainit* une demeure en la tenant propre et en lui donnant du jour et de l'air.
13. Les gens pacifiques cherchent à *aplanir* les difficultés qui s'élèvent parmi leurs semblables.
14. Par le clair-obscur les peintres savent *arrondir* les objets de manière à faire une complète illusion.

15. Tâchez d'*assujettir* vos passions à la raison, pour que vous portiez l'image du divin Maître au fond de votre âme.
16. Le jeune égoïste veut *asservir* à ses volontés tout ce qui l'environne.
17. Une seule chose nous *avilit*, c'est d'aimer le mal et de le faire.

(Reprise des dérivés pour faire retrouver les radicaux.)

59. — Continuation

Avec l'initiale *a*, mise devant les noms, nous formons aussi des verbes dérivés. Vous aurez soin de les traduire dans votre exercice, en les expliquant par d'autres mots. On est encore dans l'habitude de doubler en général toutes les consonnes après l'initiale *a*, sauf *b, d, g, m,* sans que la prononciation le demande [1].

1. Anéantir,	le néant.	9. ACcrocher,	le croc.
2. Aborder,	le bord.	10. AFfronter,	le front.
3. Agenouiller,	le genou.	11. APprécier,	le prix.
4. ASsortir,	la sorte.	12. Amortir,	la mort.
5. ACcoutumer,	la coutume.	13. Abrutir,	la brute.
6. ATtraper,	la trappe.	14. ATtrouper,	la troupe.
7. Apaiser,	la paix.	15. Adosser,	le dos.
8. Aboutir,	le bout.	16. Aligner,	la ligne.

1. Tout change de forme dans la nature, mais rien ne s'*anéantit*.
2. Quelle a dû être la joie de Christophe Colomb lorsqu'il a enfin *abordé* en Amérique !
3. Les chameaux du désert s'*agenouillent* pour recevoir les fardeaux qu'ils doivent porter.
4. Le Créateur a *assorti* les couleurs dans la nature de manière à reposer et à réjouir nos yeux.
5. Quand on s'*accoutume* au travail dès l'âge tendre, il ne devient pas seulement un plaisir, mais un besoin.
6. On tombe souvent dans la *trappe*, où l'on voulait *attraper* les autres.
7. Une tempête s'éleva sur le lac de Tibériade, et le Sauveur l'*apaisa* subitement en commandant aux vagues et aux vents irrités.
8. Les anguilles creusent des retraites près des rivages, et les font *aboutir* à deux issues, afin d'être plus sûres d'échapper au danger.
9. Les sapajous s'*accrochent* si bien avec leur queue prenante, qu'ils grimpent jusqu'aux étages les plus élevés des maisons.

---

1. L'initiale *a* représente le *ad* latin, où le *d* se changeait en la consonne initiale du radical.

10. Il fallait un cœur de bronze à l'homme qui le premier osa *affronter* les vagues dans un frêle canot.
11. Celui qui lit dans le cœur de l'homme peut seul en *apprécier* la valeur.
12. On *amortit* l'effet du boulet en plaçant des matelas devant les murailles.
13. Quelle honte pour l'homme de s'*abrutir* par l'intempérance et d'autres excès !
14. Les oiseaux voyageurs s'*attroupent* pendant quelques jours avant de se mettre en route dans les airs.
15. Les hirondelles *adossent* leurs nids contre des parois et les mettent à couvert.
16. Nous *alignons* maintenant les arbres dans nos vergers, comme les maisons dans les villes.

60. — Continuation et exception.

Dans quelques dérivés formés par l'addition de la syllabe *a*, cet *a* devient *ad*, conformément à l'étymologie latine.

1. Amener, mener.
2. APporter, porter.
3. ACquérir, quérir.
4. APparaître, paraître.
5. ACcourir, courir.
6. ALlier, lier.
7. ADmettre, mettre.
8. ADapter, apte.
9. S'Adonner, donner.
10. APprendre, prendre.

1. Les mères *amenaient* leurs enfants au divin Maître, pour qu'il voulût bien les bénir.
2. L'homme, en naissant, *apporte* au monde l'amour du vrai, du beau et du bon, avec le besoin d'élever sa pensée et son cœur vers l'Auteur de l'univers et vers l'immortalité.
3. Nous rendre maître de nos désirs terrestres, c'est le plus bel empire que nous puissions *acquérir*.
4. Le Sauveur est *apparu* fréquemment à ses disciples depuis sa résurrection.
5. Au premier signal, nous sommes *accourus* vers le lieu de l'incendie, pour aider à l'éteindre.
6. Il est fort inutile de vouloir *allier* la piété avec de mauvaises mœurs.
7. Le méchant, s'il était *admis* au ciel avec les bienheureux, ne pourrait pas partager leur félicité.
8. Tout sur la terre s'*adapte* merveilleusement aux besoins des êtres vivants qui l'habitent.
9. Qui veut éprouver les peines les plus poignantes de la vie n'a qu'à s'*adonner* à l'envie, à la jalousie, à la haine.
10. Il est trop tard de commencer à *apprendre*, lorsque le temps de la jeunesse est passé.

L'initiale *a* suivie du *b*, avec ou sans *s*, a une signification particulière que vous découvrirez en traduisant les mots que je vais vous dire et dont vous aurez aussi les radicaux à trouver.

1. Abattre,	battre.	4. S'ABStenir,	tenir,
2. ABjurer,	jurer.	5. ABnégation,	négation.
3. ABuser,	user.	6. ABStraire,	traire.

1. La cane sauvage ne s'*abat* sur son nid qu'après avoir serpenté longtemps à travers les herbes et les joncs. — Petite pluie *abat* grand vent.

2. Souvenez-vous que vous avez *abjuré* le mal en recevant le baptême.

3. *Usons* avec reconnaissance des dons du Ciel, et n'en *abusons* jamais.

4. Ce n'est pas assez de s'*abstenir* du mal, il faut encore faire le bien.

5. On entend par l'*abnégation* de soi-même le renoncement à tout sentiment d'intérêt personnel.

6. Dans le commerce de la vie, il faut savoir faire *abstraction* des paroles peu mesurées qui échappent à nos semblables.

(Reprise des radicaux pour faire retrouver les dérivés.)

61. — Initiales EN et EM.

L'initiale *en* signifie *dans*, *dedans*, et elle s'écrit avec *m* au lieu de *n*, chaque fois que le radical commence par les consonnes *b*, *m* et *p*. Quant à la signification, il y a une différence à faire. Regardez ces exemples :

ENcaver du vin. EMpailler un oiseau.

L'initiale *en* a partout le même sens ; mais, dans le premier exemple, le vin est mis dans la cave ; dans le second, la paille est mise dans l'oiseau. Sentez-vous la différence de l'expression ?... Vous la relèverez en faisant votre travail ordinaire. C'est vous cette fois qui aurez les dérivés à trouver, et vous aurez l'orthographe de l'initiale à indiquer.

1. La cage,	ENcager.	10. Le rôle,	ENrôler.
2. Le poison,	EMpoisonner.	11. Dormir,	ENdormir.
3. La voie,	ENvoyer.	12. Le baume,	EMbaumer.
4. Belle,	EMbellir.	13. Ployer,	EMployer.
5. La barque,	EMbarquer.	14. Porter,	EMporter.
6. Le chant,	ENchanter.	15. La terre,	ENterrer.
7. Le gage,	ENgager.	16. Le maillot,	EMmaillotter.
8. La chaîne,	ENchaîner.	17. L'orgueil,	ENorgueillir.
9. Le pal,	EMpaler.	18. Voler,	s'ENvoler.

1. N'est-il pas cruel d'*encager* de pauvres petits oiseaux, pour les voir périr avant le temps dans la captivité ?
2. Que jamais le fiel n'*empoisonne* tes paroles ni ta plume.
3. Le Sauveur a *envoyé* ses apôtres à tous les peuples de la terre pour leur porter le flambeau de l'Evangile.
4. La mémoire *embellit* la vie.
5. Le Sauveur s'est *embarqué* sur le lac, pour se soustraire à la multitude qui voulait le proclamer roi.
6. L'enfant au berceau est *enchanté* des doux regards de sa mère, et trouve le bonheur dans ses yeux.
7. Une fois que l'homme s'*engage* dans quelque vice, il devient un esclave aussi malheureux que vil.
8. Les païens *enchaînaient* leurs pauvres esclaves comme des bêtes sauvages.
9. Avant l'établissement du christianisme, les Romains cruci-fiaient leurs ennemis, et aujourd'hui les mahométans les *empalent*.
10. Aux temps de l'idolâtrie, on voyait à Rome des hommes de haut rang, et même des dames, s'*enrôler* parmi les gla-diateurs.
11. Quand on s'*endort* dans le mal, sait-on quand on s'é-veillera ?
12. Les femmes de Galilée avaient acheté des parfums pour *embaumer* le corps de Notre-Seigneur.
13. Mon père *emploie* beaucoup d'argent pour mon éducation.
14. Beaucoup d'oiseaux *emportent* fort loin les graines des végé-taux, et les ressèment ailleurs avec le résidu de leur diges-tion.
15. Les femelles des crocodiles *enterrent* leurs œufs, et, un mois après, elles viennent gratter la terre pour en tirer les petits
16. Autrefois on serrait beaucoup les enfants au *maillot*, à pré-sent on ne les *emmaillotte* guère.
17. On voit l'impie s'*enorgueillir* ; on passe, et il n'est déjà plus.
18. Un mot échappé s'*envole*, et il ne revient plus en arrière.

(Reprise des dérivés pour faire retrouver les radicaux.)

62. — Initiales IN et IM.

L'initiale *en* ou *em* signifiant *dans, dedans*, s'écrit quelquefois et se prononce *in, im*, ce qui nous vient du latin. Mais plus généralement l'initiale *in* signifie *pas*, et, placée devant des noms, des adjectifs, des verbes, elle leur donne un sens contraire au radical, comme ici :

Digne,   *indigne*.   Poli,   *impoli*.

Le *n* de l'initiale *in* se change souvent aussi en *l* ou

r, quand le radical commence par une de ces lettres. Je vous dirai les dérivés, et vous trouverez les radicaux. De plus, vous m'indiquerez chaque fois la signification de l'initiale *in*.

1. INdocile,	docile.	10. INhumain,	humain.
2. INsignifiant,	signifiant.	11. L'INaction,	l'action.
3. INconnu,	connu.	12. INonder [1],	une onde.
4. IMpuissance,	puissance.	13. Intimider [1],	timide.
5. IMmodéré,	modéré.	14. INsinuer [1],	le sein.
6. ILlégal,	légal.	15. INgénieux [1],	le génie.
7. ILlustre [1],	le lustre.	16. L'INfusion [1],	la fusion.
8. IRréfléchi,	réfléchi.	17. L'ENnemi [2],	l'ami
9. IMpuni.	puni.	18. L'INimitié [2],	l'amitié.

1. Un enfant *indocile* à la voix de ses parents se rend *indigne* de leurs bienfaits.
2. Nos petites fautes ne sont pas du tout *insignifiantes*, car elles en produisent bientôt de grandes.
3. Le hasard est le nom d'une cause qui nous est *inconnue*, et il prouve notre ignorance.
4. La mouette rieuse cherche, malgré son *impuissance*, à écarter à coups de bec le ravisseur de ses petits.
5. L'usage *immodéré* des boissons spiritueuses ne tarde pas à abêtir les hommes.
6. Une chose *illégale* est celle qui se fait contre les lois, et que les lois punissent.
7. Les fabricants ont des procédés pour donner du *lustre* à leurs étoffes. — L'histoire nous nomme les grands hommes qui, en divers genres, ont *illustré* leur patrie.
8. Les enfants sont *irréfléchis*, et font beaucoup de fautes par étourderie.
9. Ne crois pas que le crime reste *impuni* dans l'empire d'un Dieu saint et juste, qui a toute puissance en main.
10. Les idolâtres adoraient des divinités *inhumaines*, et ne pouvaient pas devenir *humains* en les servant.
11. Les fourmis ne restent dans l'*inaction* que pendant leur sommeil.
12. Le Nil *inonde* régulièrement la basse Egypte dans notre été, et rend ses terres très-fertiles.
13. Beaucoup d'animaux poussent de grands cris pour *intimider* l'ennemi qui les attaque, eux, leurs petits ou leurs semblables.
14. Quelquefois les enfants cherchent à s'*insinuer* dans les bonnes grâces de leurs parents par des flatteries ou de faux rapports sur leurs frères et leurs sœurs.
15. Les hommes *ingénieux* sont les auteurs de toutes nos inventions dans les sciences et les arts, et ils méritent bien

---

1. Mots où la syllabe *in* n'a pas la signification négative.
2. Dérivés à formation irrégulière.

mieux notre reconnaissance que ces guerriers qui ont fait couler les larmes et le sang.

16. Nous obtenons les *infusions* en faisant *infuser* certaines matières animales ou végétales.

17. Nous devons être les *ennemis* du mal, et non les ennemis de ceux qui le commettent.

18. Nous ne devons pas compter sur l'*amitié* de Dieu, tant que nous avons de l'*inimitié* pour ses enfants.
(Reprise des radicaux pour faire retrouver leurs dérivés.)

63. — Initiales CON, COM, COR et CO.

Nous avons une initiale qui veut dire *avec* ou *ensemble* ; c'est ordinairement la syllabe con, dont l'*n* se change aussi en *m*, devant *b*, *m* et *p*. L'*n* devient *l* et *r* lorsque le radical commence par une de ces consonnes, et elle disparaît tout à fait lorsque le radical commence par une voyelle ou une *h* muette, chose fort rare. Vous traduirez les radicaux et les dérivés, en faisant votre travail d'usage.

1. CONvenir,	venir.	10. CONcourir,	courir.
2. CONsentir,	sentir.	11. CONdescendre,	descendre.
3. CONfondre,	fondre.	12. COMpatir,	pâtir.
4. COMparer,	pair.	13. CONfronter,	le front.
5. COMplaire,	plaire.	14. CORrespondre,	répondre.
6. COMprendre,	prendre.	15. CORrompre,	rompre.
7. Le COMpas,	le pas.	16. CONtracter,	le contrat.
8. COMposer,	poser.	17. COopérer,	opérer.
9. COMbattre,	battre.	18. COïncidence,	incident.

1. *Convient*-il qu'un homme vende ou achète son semblable, comme s'il était une pièce de bétail ?

2. *Consentir* au mal, c'est aider à le faire et en prendre aussi la responsabilité sur soi.

3. Les bons et les méchants vivent *confondus* sur cette terre d'épreuve, mais ailleurs le bon grain sera séparé de l'ivraie.

4. On ne peut *comparer* que les choses qui vont de *pair* sous quelque rapport.

5. Il est beau d'être *complaisant*, mais il ne faut pas faire le mal pour *complaire* à quelqu'un.

6. Je mets en mouvement mes pieds, mes mains, ma langue, et je ne *comprends* pas comment je le fais.

7. Le pic pubescent creuse pour nicher un trou dans un arbre, et ce trou semble avoir été tracé avec un *compas*.

8. L'industrieuse abeille *compose* son miel avec les sucs des fleurs qu'elle va sucer partout.

9. Deux ennemis se *combattent* quelquefois en moi; ce sont l'amour du bien et l'amour du plaisir.

10. Les hommes, les oiseaux, les eaux et les vents, tous *concourent* à propager au loin les graines des végétaux. — Tous les citoyens doivent *concourir* au bien de la commune patrie.
11. Quelque grand que soit l'Éternel, il daigne *condescendre* à nos faiblesses et à nos besoins.
12. Qu'il est doux de rencontrer des cœurs qui aient de la *compassion* pour nous !
13. On a *confronté* les deux écritures, et l'on a trouvé qu'elles ne sont pas de la même main.
14. Le Ciel ne cesse pas un instant de nous faire du bien : pensons-nous à *correspondre* à sa bonté ?
15. Les mauvais discours *corrompent* les mœurs, qui se gâtent bientôt sous une pareille influence.
16. Ne *contractez* point d'amitié avec les méchants.
17. Dieu nous aide à bien faire, mais il faut *coopérer* à sa grâce.
18. La naissance du divin Maître a *coïncidé* avec la paix générale. — L'histoire a soin de relever la *coïncidence* des événements qui ont des rapports ensemble.

    (Relever les radicaux pour faire retrouver les dérivés.)

64. — Initiales E, EX.

L'initiale *ex* signifie *dehors*, et, par conséquent, une sortie, un éloignement quelconque. La voyelle *e* seule a aussi une signification semblable ; mais souvent cet *e* remplit le rôle de l'*a*, comme dans *adoucir* (rendre doux). En traduisant les dérivés suivants, vous trouverez ces différentes significations.

1. EXtraire,	traire.	9. Ecouler,	couler.
2. EXclure,	clore.	10. Elever,	lever.
3. EXpatrier,	la patrie.	11. EFfacer,	la face.
4. EXposer,	poser.	12. Elargir,	large.
5. Ebrancher,	brancher.	13. Eclaircir,	clair.
6. ESsouffler,	le souffle.	14. Echauffer,	chaud.
7. Egrener,	le grain.	15. Egayer,	gai.
8. Ebruiter,	le bruit.	16. EFfaroucher,	farouche.

1. La diligente abeille vole de fleur en fleur afin d'*extraire* ce qui lui convient pour le travail de la ruche.
2. Les abeilles ouvrières *excluent* les frelons de la ruche, dès qu'ils ne sont plus utiles à la société.
3. Les bannis sont forcés de s'*expatrier*, et ils vont tristement porter leurs pas sur une terre étrangère.
4. Du temps de l'idolâtrie, les parents *exposaient* leurs enfants et les laissaient mourir de froid, de faim, de soif, ou dévorer par les bêtes.
5. On *ébranche* les arbres quand on veut les faire croître en hauteur.

6. On est *essoufflé* lorsque l'on monte avec trop de précipitation.

7. Pour *égrener* les épis des céréales, les anciens employaient les bœufs, et nous nous servons de fléaux.

8 Les choses les plus secrètes finissent toujours par s'*ébruiter*, et la vérité vient au jour.

9. Le bonheur et la gloire des méchants s'*écoulent* comme un torrent.

10. Les huttes que les orangs *élèvent* dans leurs forêts diffèrent peu des cabanes des sauvages.

11. Les tendres soins que j'ai reçus de mes parents dans mon enfance ne s'*effaceront* jamais de ma mémoire.

12. Six longs bras servent de rames à l'argonaute, et deux qui sont *élargis* font l'office de voiles dans sa navigation.

13. Si tu trouves quelque obscurité dans tes leçons, prie ton maître de te les *éclaircir*.

14. Le ressentiment s'*échauffe* en notre âme, lorsque nous nous appesantissons sur les offenses d'autrui.

15. La mère fait tout ce qu'elle peut pour *égayer* son enfant qui pleure.

16. Pourquoi *effaroucher* ces gentils petits oiseaux qui nous débarrassent de beaucoup d'insectes, et ne font de mal à personne ?

(Reprise des radicaux pour faire retrouver les dérivés.)

65. — Initiales SUR et SUS.

L'initiale *sur*, qui signifie *au-dessus* ou *au delà*, se remplace quelquefois dans la dérivation par *sus*, qui a le même sens. On emploie aussi, quoique rarement, le mot latin *super*, que les auteurs de la langue ont négligé de traduire. Continuez votre travail ordinaire. Je vous dirai les dérivés que vous traduirez d'abord.

1. SURnager,	nager.	9. SURprendre,	prendre.
2. SURmonter,	monter.	10. SURpasser,	passer.
3. SUSpendre,	pendre.	11. Un SURnom,	le nom.
4. SURfaire,	faire.	12. SURvenir,	venir.
5. SURcharger,	charger.	13. La SURabondance,	l'abondance.
6. SURvivre,	vivre.	14. Le SURsaut,	le saut.
7. La SURface,	la face.	15. SURvendre,	vendre.
8. SURveiller,	veiller.	16. SUPERfin,	fin.

1. Jetez dans l'eau des corps plus légers que le liquide, et ils *surnageront*.

2. Près des malades et des blessés, la charité chrétienne fait *surmonter* tous les dégoûts et toutes les répugnances.

3. Une petite mésange, le remiz, *suspend* son nid, avec un fil de chanvre ou d'ortie, à une branche penchée sur une eau courante. — Le Créateur *suspendit* les vapeurs dans les airs pour arroser la terre.

4. Un marchand, pour être honnête homme, doit vendre sa marchandise à juste prix, et ne pas la *surfaire*.

5. Certains hommes ont si peu d'âme qu'ils ne craignent pas de *surcharger* leurs bêtes de somme.

6. La liberté est si chère aux oiseaux, que beaucoup d'entre eux ne *survivent* pas à sa perte. — Que sert-il de *survivre* dans la mémoire des hommes, si l'on n'est pas bien où l'on est ?

7. La *face* de la terre est inégale, et c'est de là que dépend son irrigation, ainsi que de la variété de ses sites et de ses productions. — Qui calculera le nombre des graines végétales qui tous les ans se répandent sur la *surface* de la terre ?

8. Les enfants ont toujours besoin de *surveillance*, parce qu'ils sont toujours sujets à s'égarer.

9. Les hommes que l'on *surprend* à mentir ne trouvent plus de croyance. — Les putois, les belettes, les fouines sont de véritables assassins, qui *surprennent* d'autres animaux dans le sommeil, pour en boire le sang.

10. Il ne tient qu'à nous de ne pas nous laisser *surpasser* en vertu, et c'est l'essentiel.

11. Le plus beau *surnom*, n'est-ce pas celui de Sauveur des hommes ?

12. Il *survint* une tempête, comme le Sauveur dormait paisiblement sur la barque de ses disciples.

13. La *surabondance* en certaines années nous fournit des ressources pour les temps de disette.

14. Je m'éveillai en *sursaut*, comme j'entendis ce violent coup de tonnerre.

15. Aimez-vous que l'on vous *survende* quelque chose, et que l'on abuse de votre bonne foi ?

16. Certaines personnes veulent du *superfin* en toutes choses, et quelquefois sans vouloir en donner le prix.

(Reprise des radicaux pour faire retrouver les dérivés.)

66. — Initiales SOUS, SUB et SUP.

L'initiale *sous* est une préposition qui vous est connue et qui exprime le contraire de la préposition *sur*. *Sous* perd en général son *s* final dans la dérivation, excepté lorsque le radical commence par une voyelle. Souvent, au lieu du mot français *sous*, nous avons le mot latin *sub*, qui a la même signification dans cette langue, et dont le *b* final devient *p*, lorsque le radical commence par cette lettre, qui, en ce cas, se double. Vous reprendrez la traduction et les exercices des leçons précédentes, en faisant vos remarques sur l'orthographe des mots qui paraîtront.

1. SOUmettre,	mettre.	9. SUBvenir,	venir.
2. SOUlever,	lever.	10. SUBjuguer,	le joug.
3. SOUtenir,	tenir.	11. SUPporter,	porter.
4. SOUrire,	rire.	12. SUPposer,	poser.
5. SOUvenir,	venir.	13. SUPplier,	plier.
6. SOUligner,	ligne.	14. SUBordonner,	ordonner.
7. SOUStraire,	traire.	15. SOUS-ordre,	l'ordre.
8. SOUS-entendre,	entendre.	16. SOUS-maître,	le maître.

1. L'homme doit se *soumettre* à son Dieu, comme un enfant reconnaissant se remet entre les mains de sa bonne mère.
2. La grue est une machine employée pour *soulever* les fardeaux.
3. Les graines de pissenlit et d'autres plantes sont munies de soies divergentes, qui les *soutiennent*, comme des parachutes, dans leurs voyages aériens. — *Soutiens* avec courage ta dignité d'homme et d'enfant de Dieu.
4. Vers la sixième semaine, l'enfant montre par un *sourire* qu'il reconnaît sa mère ; et toi, la connais-tu encore ?
5. On a dit avec vérité que la reconnaissance est le *souvenir* du cœur.
6. Dans l'écriture, on *souligne* les paroles que l'on désire faire remarquer au lecteur.
7. Grands ou petits, riches ou pauvres, personne ne doit se *soustraire* aux lois ni aux charges publiques. — Au sortir de l'œuf, tous les insectes savent comment ils doivent se *soustraire* à leurs ennemis et aux intempéries de l'air.
8. Il y a beaucoup de mots *sous-entendus* dans nos discours, car nous n'exprimons pas tout.
9. L'égoïste sans cœur pense toujours à ses propres intérêts, et ne pense jamais à *subvenir* aux besoins d'autrui.
10. Rome *subjuguant* l'univers ne valait pas un hameau où règne l'humanité. — Ce sont nos mauvaises passions qu'il faut *subjuguer*.
11. Vous êtes-vous jamais demandé si vos parents ont de la peine ou non à *supporter* les dépenses de la maison ?
12. *Supposer* le mal dans nos semblables, c'est leur faire ce que nous ne voudrions pas qu'ils fissent à notre égard.
13. Tant qu'on ne se corrige pas, il est inutile de *supplier* le Dieu saint de nous pardonner.
14. Est-ce au père à se *subordonner* à ses enfants, ou bien aux enfants à se *subordonner* à leur père ?
15. Qui n'est qu'en *sous-ordre* ne doit pas essayer de s'ériger en chef.
16. Un *sous-maître* représente le chef, et les élèves doivent plier sous son autorité.

(Reprise des radicaux pour retrouver les dérivés.)

67. — Initiales ENTRE et TRANS.

La préposition *entre* forme aussi une initiale dans

dérivation, et lorsque le radical commence par une voyelle, le *e* muet final s'élide et se remplace dans l'écriture par l'apostrophe, comme ici :

Entr'ouvrir. — Le bouton de rose *entr'ouvert.*

Notre préposition *entre* vient du latin *inter*, qui a le même sens, et ce mot latin se montre aussi dans quelques dérivés de notre langue.

Le mot latin *trans* est l'initiale de quelques-uns de nos dérivés. Il marque mouvement, et signifie *au travers de*, ou bien *au delà*. Ce mot *trans* se change quelquefois en *tra*, sans changer de signification. Vous relèverez dans votre travail les particularités que vous venez d'entendre [1].

1. ENTRElacer,	lacer.	9. INTERrompre,	rompre.
2. ENTREmêler,	mêler.	10. TRANSmettre,	mettre.
3. ENTREvoir,	voir.	11. TRANSporter,	porter.
4. ENTREtenir,	tenir.	12. TRANSparent,	paraître.
5. ENTRE-tuer,	tuer.	13. TRANSvaser,	le vase.
6. ENTR'aider,	aider.	14. TRAvestir,	vêtir.
7. INTERvenir,	venir.	15. ENTREprendre,	prendre.
8. INTERposer,	poser.		

1. Les castors du Canada *entrelacent* des branches pour former leurs digues, et remplissent les intervalles avec des pierres et de la terre gâchée.
2. Les sœurs ont fait une couronne pour la fête de leur mère, et elles ont *entremêlé* du myrte, des roses et des pensées.
3. Un père, en punissant le coupable, laisse *entrevoir* la clémence et le pardon.
4. Je ne m'*entretiens* pas des défauts d'autrui, car je n'aimerais pas que l'on s'*entretînt* des miens. — Voilà bien longtemps que mes parents fournissent à mon *entretien* ; quand leur payerai-je ma dette ?
5. Les Juifs s'*entre-tuèrent* au siége de Jérusalem, et firent ainsi retomber sur eux le sang du Juste qu'ils avaient versé au Calvaire.
6. Pour remplir la loi du Sauveur, il faut que ses disciples s'*entr'aident* dans tous leurs besoins.
7. Je suis *intervenu* dans cette querelle, pour calmer des camarades qui étaient très-irrités.
8. La mère a dû *interposer* son autorité pour mettre fin à des propos qui attaquaient l'honneur du prochain.

---

1. Il faudra ici aider les élèves à traduire les dérivés. *Entretenir* marque réciprocité ; *entr'ouvrir* est un diminutif ; *entreprendre*, c'est prendre entre les mains, etc.

9. Les accents du rossignol sont *interrompus* par des silences, et réjouissent l'oreille par leur grande variété.

10. Le soleil est à trente-quatre millions de lieues de la terre, et il nous *transmet* la lumière en huit minutes et quelques secondes.

11. Les chattes *transportent* leurs petits dans un autre endroit, quand le premier ne leur paraît plus assez sûr. — J'ai été *transporté* de joie lorsque j'ai appris que mon père était entré en convalescence.

12. On se sert quelquefois de *transparents* dans les décorations.

13. On *transvase* les vins pour les conserver et les rendre meilleurs.

14. Les acteurs se *travestissent* sur les théâtres, et quelquefois un homme du commun y paraît avec toute la pompe d'un monarque.

15. Mesurez vos forces avant d'*entreprendre* quelque chose. — L'enfant serait bien *entrepris*, si d'un moment à l'autre il se voyait forcé de fournir lui-même à ses besoins.
(Reprise des radicaux pour faire retrouver les dérivés.)

68. — Initiales POUR, PRO, PAR et OB.

Nous prendrons aujourd'hui quelques autres initiales qui servent aussi à former des dérivés. Chemin faisant, vous apprendrez à les connaître, ainsi que leur signification. Je vous aiderai.

1. POURvoir,	voir (a).	9. PARfaire,	faire (c).
2. POURsuivre,	suivre.	10. PARsemer,	semer.
3. POURchasser,	chasser.	11. PARfumer,	fumer.
4. PROmener,	mener (b).	12. PARcourir,	courir.
5. PROmettre,	mettre.	13. PARvenir,	venir.
6. PROposer,	poser.	14. OBtenir,	tenir (d).
7. PROvenir,	venir.	15. OPposer,	poser.
8. PROlonger,	long.		

(a). *Pour* veut dire *avant; en avant.* — (b). *Pro* signifie *devant, en avant.* — (c). *Par* veut dire tantôt *tout à fait, complétement*, tantôt *çà et là.* — (d). *Ob* veut dire *devant.*

1. Le Créateur ouvre sa main, et *pourvoit* aux divers besoins de toutes ses créatures.

2. Tout le monde a vu les martinets réunis *poursuivre* en criant les insectes dont ils se nourrissent.

3. Les chiens *pourchassent* les cerfs, les chevreuils, les lièvres, jusqu'à ce que ceux-ci se rendent de fatigue.

4. *Promène* tes regards sur la création de ton Dieu, et il viendra au-devant de toi de toutes parts.

5. Notre Père commun nous a *promis* l'immortalité, et il remplira sa *promesse*. — Ne veux-tu pas que l'on tienne ce que l'on te *promet* ?

6. Je me suis *proposé* un beau modèle, c'est l'enfant de Nazareth.

7. Le manteau de nos escargots et d'autres mollusques *provient* de matières calcaires qui sortent par couches de leur peau.
8. L'espadon porte ce nom, à cause du *prolongement* de son museau qui ressemble à la lame d'une *longue* et large épée.
9. Une honnête famille travaille et économise pour *parfaire* le paiement d'une dette qu'elle a contractée dans des temps difficiles.
10. Le chemin de la vie est *parsemé* de difficultés, afin que nous ayons le mérite de les vaincre et de remporter un prix. — Nos roches calcaires sont *parsemées* de dents de requins, voraces poissons de mer qui atteignent huit à dix mètres de longueur.
11. Au printemps, les arbres et les arbustes en fleur *parfument* l'air, et leur *parfum* est agréable à l'odorat.
12. Le Sauveur a *parcouru* sa patrie, pour y fonder le royaume des cieux, qui devait dans la suite s'établir sur toute la terre.
13. On ne *parvient* pas à savoir des choses que l'on néglige d'apprendre.
14. Nous ne pouvons *obtenir* d'en haut le pardon de nos fautes qu'après l'avoir accordé à nos frères.
15. Par cela même que les instincts des animaux sont *opposés* les uns aux autres, ils conservent le règne animal dans toute son intégrité.

(Reprise des radicaux pour faire retrouver les dérivés.)

69. — Initiales CONTRE, MAL, etc.

Le *e* final de l'initiale *contre*, préposition que vous connaissez, ne s'élide pas lorsque le radical commence par une voyelle, et cette initiale se joint alors au mot par un trait d'union. L'adverbe *mal* subit divers changements dans la dérivation ; car il se change en *mau*, d'autres fois en *mé*, et cette syllabe *mé* prend un *s* devant les radicaux qui commencent par une voyelle. Vous relèverez ces variétés quand elles se présenteront dans votre travail ordinaire.

1. CONTREdire, dire.
2. CONTREfaire, faire.
3. CONTREvenir, venir.
4. Un CONTRE-ordre, l'ordre.
5. MAUdire, dire.
6. MEdire, dire.
7. MEconnaître, connaître.
8. MEpriser, priser.
9. MEcontenter, contenter.
10. Un MEcompte, compte.
11. MESestimer, l'estime.
12. Un MALentendu, entendre.
13. La MESaventure, aventure.
14. La MESintelligence, intelligence.
15. Une MESalliance, une alliance.

1. Ne cherchez pas à *contredire* les autres, car vous n'aimez pas les *contradictions*.

2. Laissez aux singes le plaisir de *contrefaire* les gens.
3. C'est grandement manquer que de *contrevenir* aux lois de l'Etat, qui sont établies pour le bien de tous. — Il est juste de punir les *contraventions* à la loi.
4. Un proverbe dit : *Ordre et contre-ordre, désordre.*
5. Les ennemis du Sauveur ne se sont pas contentés de le faire mourir, ils l'ont encore *maudit* au pied de la croix. — Le Rédempteur mourant sur la croix a mêlé sa prière aux *malédictions* de ses ennemis.
6. Vous craignez la *médisance* : ne vous permettez donc pas de *médire* des autres.
7. Au grand jour, le Sauveur *méconnaîtra* tous les chrétiens de nom qui n'auront pas fait comme lui la volonté de son Père.
8. Les pauvres qui ne le sont pas par leur faute méritent notre pitié, et non pas notre *mépris.*
9. Le chien est si docile, qu'il craint de donner le moindre *mécontentement* à son maître.
10. L'homme qui sacrifie le devoir au plaisir fait de tous les *mécomptes* le plus funeste.
11. Pouvez-vous vous défendre de *mésestimer* un homme qui va par détours et mensonges dans les affaires?
12. Les hommes manquent souvent par *malentendu*, et non par mauvaise volonté.
13. Un accident fâcheux s'appelle une *mésaventure.* — Vous lirez les *aventures* de Télémaque, qui ont été traduites dans toutes les langues d'Europe.
14. Il est pénible de vivre en *mésintelligence* avec les siens, et, pour s'*entendre*, il ne faut pas regretter les sacrifices.
15. S'ALlier avec des personnes d'un mauvais caractère et d'une mauvaise conduite, c'est faire véritablement une *mésalliance.*

§ II. — INITIALES DOUBLES, MÊLÉES AUX INITIALES SIMPLES.

70. — Première série. L'hiver.

Jusqu'ici vous n'avez vu devant les radicaux que des initiales simples, bien que dissyllabes quelquefois. Il vous reste maintenant à faire connaissance avec les initiales doublées, car quelques mots de la langue en prennent deux. Regardez cet exemple :

Venir,   devenir,   redevenir.

Le verbe *redevenir* est formé par deux initiales ; quelles sont-elles ?... La syllabe *re* vient souvent se placer devant une autre initiale, et elle a la signification

que vous lui connaissez. L'initiale *in* joue fréquemment le même rôle ; en ce cas, elle donne aux mots
un sens négatif. L'initiale *dé*, qui, comme vous savez,
prend un *s* devant les voyelles, sert aussi quelquefois à
former des dérivés à initiales doublées. (*Questions
convenables.*)

Vous ferez tous les exercices précédents sur les pensées que je vais vous exprimer. Il s'y trouvera quelques mots à initiales doublées que vous relèverez
avec soin, ainsi que les initiales simples [1].

1. L'hiver est de *retour* avec ses nuits *allongées*, et ses jours
   tristement RACcourcis (court).
2. La plupart des bons petits oiseaux se sont *enfuis* en d'autres
   climats, et, en s'*éloignant*, ils ont laissé nos campagnes
   désertes et silencieuses.
3. En vain nous voudrions les *rappeler* chez nous, tant que
   dureront l'*inclémence* de l'air et l'*inhospitalité* de nos
   guérets.
4. Ils se sont *envolés* pour se RALlier (lier) ailleurs, où ils *retrouvent*, avec leur pâture, les verts feuillages et les beaux
   jours.
5. Quelques rouges-gorges et quelques mésanges se montrent
   encore, et se RAPprochent (proche) timidement des métai-
   ries pour y dérober quelques grains égarés.
6. Il n'y a que les noirs sapins, les pins et quelques arbustes
   qui aient *retenu* leur verdure ; les frimas ont emporté tous
   les autres feuillages.
7. J'étais charmé au milieu de cette nature si belle, si gra-
   cieuse, et me voilà DESENchanté (le chant) à la vue d'une
   terre stérile et d'un ciel si souvent brumeux.
8. Il s'obscurcit de plus en plus, et d'*innombrables* flocons de
   neige viennent nous disputer la lumière du jour.
9. Tout est blanc sur la terre, et il semble qu'elle soit *recouverte*
   d'un drap mortuaire, comme un cadavre que l'on doit
   enterrer.
10. Un vent âpre a soufflé pendant la nuit, et la *surface* des eaux
    s'est *endurcie* comme la pierre.
11. La jolie cascade du voisinage n'est plus qu'un *immobile* gla-
    çon ; qui sait quand elle REDEviendra (venir) ce qu'elle
    était ?
12. J'aimais tant à la voir *retomber* incessamment de roc en roc,
    et à l'entendre *résonner* au loin !
13. Cependant, quelque triste, dur et INSUPportable (porter) que
    l'hiver paraisse, il travaille en silence à RAmener (mener)
    le printemps, ses beautés et ses dons.

---

1. Les mots à initiales doublées sont suivis du radical dans
nos exemples, afin de les faire distinguer.

14. Cette espèce de mort est un *acheminement* à une vie nouvelle, et déjà la pervenche perce la neige pour nous l'*annoncer*, et *relève* nos douces espérances.

15. Elles ne seront pas déçues, car elles sont fondées sur les lois *invariables* que le Créateur a *imposées* à l'œuvre de ses mains.

16. Lui seul ne se *dément* jamais ; il est toujours le même, l'Eternel.

(Reprise des mots à initiales doubles.)

71. — Deuxième série. Le printemps.

1. La terre a été longtemps comme morte, et elle se REveille (veille) peu à peu.

2. L'air, naguère si mordant, s'est RAdouci (doux). Que j'aime à humer son haleine !

3. Tout *reverdit* autour de nous, depuis la plaine jusqu'aux montagnes qui *élèvent* encore leurs cimes grisâtres dans les nues.

4. La rivière et les ruisseaux, qui étaient *devenus immobiles* à l'œil, *recommencent* à nous montrer le mouvement de leurs flots *empressés*.

5. Les oiseaux ont *reparu* chez nous, et ils sont occupés à *rebâtir* leurs nids.

6. Matin et soir, ils *remplissent* l'air de leurs jolies chansons ; c'est le rossignol qui l'*emporte* sur tous les chantres du bocage.

7. Les vertes prairies se sont *embellies* de toute espèce de fleurs, et les arbres fleuris à leur tour EMbaument l'air du voisinage.

8. Les poulets ont brisé l'œuf où ils se trouvaient RENfermés (fermer), et ils sont à la recherche de leur nourriture à côté de leur vigilante mère.

9. Voyez ces jeunes canards qui plongent et *replongent* dans l'eau pour y pêcher des animalcules et s'en *repaître*.

10. Qu'elle est gaie, l'aimable fauvette qui voltige de branche en branche, d'arbre en arbre, et qui ne se *dégoûte* jamais de nous faire entendre son joli refrain !

11. L'alouette s'*élève* dans les airs pour saluer et *resaluer* le jour naissant et gracieux.

12. Le retour du printemps a REveillé (veiller) la marmotte et tant d'autres animaux qui passent l'hiver dans le sommeil.

13. La vie est aussi *rentrée* dans les eaux, et les poissons y *reprennent* des mouvements dont la longueur de l'hiver les avait DESACcoutumés (coutume).

14. Avec la douce haleine du printemps, on voit *renaître* partout le mouvement et la vie, la beauté et la joie.

15. Le printemps me *rappelle l'immortalité* qui m'attend ailleurs, où je vivrai à tout jamais dans l'INDEpendance (pendre) de mes fragiles organes.

16. L'Eternel n'a pas créé l'homme à son image et à sa *ressemblance* pour le *replonger* dans le néant d'où son *infinie* bonté l'a tiré ; car un père ne tue pas ses enfants.

72. — Troisième série. L'été.

1. Les chaleurs de l'été ont *défleuri* nos prairies, et les herbes mûres ont répandu leurs graines sur la terre pour se REPROduire (duire).

2. Partout les faneurs *abattent* l'herbe avec la faux tranchante, et les faneuses la *retournent* pour l'*exposer* aux ardeurs du soleil et la sécher.

3. Les ouvriers et les ouvrières se *délassent* maintenant sous l'ombre hospitalière d'un arbre touffu, et se RECONfortent (fort) par un repas frugal qu'assaisonnent la faim, la soif et la gaieté.

4. Déjà les bœufs *amènent* à pas lents les chariots où l'on *entassera* le foin pour l'engranger.

5. Les chariots *reprennent* le chemin de la métairie, et les faneurs *soutiennent* avec leurs fourches l'énorme édifice qui chancelle souvent et menace de tomber.

6. La vache, la chèvre et la brebis *transformeront* en lait doux et en viande succulente ces herbes que les rayons du soleil ont mûries et *desséchées*.

7. Le citadin *amolli* par le luxe IRREfléchi (fléchir) ose quelquefois se REcrier (crier) contre les chaleurs de l'été, et il manque d'esprit ou de cœur pour *apprécier* les œuvres de la bonne Providence.

8. Quand est-ce qu'il sentira la profonde INCONvenance (venir) des murmures qu'il élève contre son Créateur et son Père ?

[9. L'été nous offre, d'ailleurs, des *rafraîchissements* dans la source limpide, dans les ombrages, dans la fraise, la framboise et tant d'autres fruits délicieux.

10. Regardez ces moissons dorées qui, dans leurs ondulations, nous *représentent* un lac *transporté* comme par *enchantement* sur la terre.

11. Déjà la faux et la faucille ont RENversé (verser) les épis que les chaleurs ont mûris.

12. Le fléau *débarrassera* le grain de sa gousse, et la meule l'écrasera pour nous donner de la farine et du pain.

13. Oh ! vraiment nous vivons tous à la table de notre Père commun, qui ouvre et *rouvre* sa main INEpuisable (le puits), et nous comble de bénédictions.

14. Pour être INAperçue (percevoir) de nos yeux, cette main n'est pas moins la source *intarissable* de tout bien.

15. *Reconnais*, mon enfant, l'INCOMparable (pair) bonté de ton Père céleste, et n'oublie jamais d'*accompagner* ses bienfaits de tes remerciements.

16. N'oublie pas non plus de *retracer* sa bonté dans ton cœur et dans toute ta vie.

17. Le Père céleste a des enfants chéris, et d'autres qu'il DESAvoue (vouer) et qui ne le verront pas.

(Reprise des dérivés à initiales doublées.)

73. — Quatrième série. L'automne.

1. Les légers INCONvénients (venir) de l'été *disparaissent* à l'entrée de l'automne, mais les nuits s'*étendent* à mesure que les jours se RACcourcissent (court).
2. L'automne a aussi des présents à nous offrir, et il n'y a que l'*ingratitude* qui puisse en *méconnaître* la source.
3. Les arbres *abaissent* leurs branches *appesanties*, et nous invitent de la part du Créateur à *recueillir* leurs fruits pour en jouir en hiver.
4. A la vue de ces *provisions*, qui pourrait DISCONvenir (venir) de la *prévoyance* du Père de la famille humaine, et de ses attentions *incessantes* pour elle ?
5. Maintenant les arbres ont rempli leur tâche envers nous, et on voit leur feuillage se *décolorer* de plus en plus, pour se livrer aux vents qui l'*emporteront*.
6. Le raisin est *parvenu* à maturité, et voilà les vendangeurs et les vendangeuses qui *dégarnissent* les ceps, en *entonnant* quelques joyeux refrains.
7. D'autres ouvriers attendent la récolte au pressoir, pour l'écraser dans la cuve et en faire *écouler* le jus.
8. Il fermentera dans les tonneaux, et, par un usage modéré, il *fortifiera* le corps, tout en *répandant* la gaîté dans l'âme.
9. Quel dommage que l'*insatiable* sensualité *mésuse* d'un si beau présent pour *abêtir* l'esprit et *énerver* le corps !
10. L'automne est aussi le temps de la chasse, et les bêtes fauves, *intimidées* par les cris des chiens et les *décharges* des fusils, s'enfuient dans des retraites lointaines et sombres.
11. Les échos RENvoient (la voie) les *détonations*, et *prolongent* le bruit et la frayeur du gibier.
12. Le chien, avide de chair, a fini par *apprendre* à RAPporter (porter) fidèlement à son maître jusqu'au petit oiseau que le plomb a touché.
13. Le laboureur REENsemence (semence) ses champs en automne après avoir *retourné* et fumé la terre.
14. Le voilà qui se *découvre*, pour *remettre* son travail aux soins de Celui qui seul donne la croissance à ce que l'homme sème et plante.
15. Il va maintenant *déterrer* les pommes de terre tardives, et en *replanter* une partie qui sera également à l'abri des *intempéries* de l'air.
16. Il a vu passer bien au-dessus de sa tête les vols de canards et d'oies sauvages, *retournant* dans les pays méridionaux, d'où le printemps les avait *amenés* chez nous.
17. Les divers animaux qui passent l'hiver dans des terriers et des trous sont tous à la recherche d'un asile *convenable* pour s'y RENdormir (dormir) dès les premiers frimas.

(Reprise des dérivés à doubles initiales.)

74. — Cinquième série. La succession des saisons.

1. L'*inégalité* de température dans l'année et la diversité des saisons *découlent* du mouvement de la terre autour du soleil.
2. Mais ne voilà-t-il pas que des enfants INSUB*ordonnés* (ordonner) envers leur Père d'en haut osent nous dire que notre globe serait un paradis de délices, si un printemps perpétuel REM*plaçait* (la place) l'*inconstance* des saisons !
3. Ainsi *déraisonnent* les pauvres humains dont les paroles sont IRRE*fléchies* (fléchir), parce qu'ils n'ont jamais pris la peine de penser.
4. La diversité des saisons varie les besoins de la vie, donne par là l'*éveil* à la pensée, force à des *recherches,* et *encourage* les sciences et l'industrie.
5. Regardez le nègre de la zone torride *étendu* tout le jour sur le ventre comme un stupide animal, tandis que sa femme gratte un peu la terre pour y *enfoncer* quelques grains de maïs.
6. Une égalité *parfaite* autour de nous tuerait la pensée en l'*endormant,* et l'absence des DES*Agréments* (le gré) nous enlèverait nos plaisirs.
7. Il est très-peu de plantes et d'animaux qui, pour *subsister,* n'aient pas besoin de changement dans la température ; la rendre égale, ce serait grandement *appauvrir* les deux règnes.
8. Nous verrions dans peu s'*évanouir* une quantité *innombrable* d'espèces animales et végétales.
9. Comme les mêmes choses seraient communes à tous les peuples de la terre, il n'y aurait plus entre eux ni *échange* ni commerce, et ils *deviendraient* entièrement étrangers les uns aux autres.
10. Personne, en outre, n'aurait la moindre envie de se *déplacer,* pour aller *acquérir* ailleurs des *renseignements* qu'il aurait sous la main chez lui.
11. L'atmosphère *deviendrait immobile* sur tout le globe ; car c'est principalement l'*inégalité* des saisons dans le même temps qui l'*ébranle* et qui *soulève* les vents.
12. Vous verriez fondre sur la terre des maladies qui bientôt en*traîneraient irrésistiblement* dans la tombe tous les êtres vivants.
13. Que l'homme ne s'avise donc pas de censurer le cours de la nature, lui qui est *incapable* de *produire* un brin d'herbe.
14. Sa critique ne *déshonore* pas seulement son esprit, mais elle accuse aussi son cœur d'*insensibilité* envers le Ciel.
(Reprise des mots à initiales doubles.)

75. — Sixième série. La nuit.

1. La nuit ne s'avance qu'à pas lents, afin que notre vue s'*accoutume* peu à peu au passage de la lumière aux ténèbres.

2. Un passage subit *suspendrait* tout à coup nos occupations et ne nous *permettrait* pas de prendre des *arrangements convenables* pour la nuit.

3. L'oiseau aussi est averti à temps d'aller *reprendre* son nid, comme le blaireau de *rentrer* dans son terrier.

4. L'éblouissante lumière du soleil nous avait rendus *insensibles* aux faibles rayons des étoiles, et l'INCOM*mensurable* (la mesure) univers était pour nous comme s'il n'était pas.

5. Le *départ* de l'astre du jour l'a *dévoilé* à nos yeux, et nous pouvons nous *promener* à volonté dans les abîmes de l'espace.

6. Le nom du Créateur et du Père y est écrit en caractères de feu ; nous pouvons le lire et le *relire* à notre aise.

7. Que le cœur *accompagne* toujours la pensée dans ce voyage, et que la douce espérance de l'éternité nous élève au-dessus de la poussière.

8. L'Eternel ne nous montre pas son univers pour allumer en nous d'*inutiles* désirs.

9. A l'aide du télescope, l'astronome pénètre dans les étages d'étoiles *entassés* INDE*finiment* (finir) les uns sur les autres, et il s'*écrie :* Que le Créateur est grand dans ses œuvres !

10. Moi-même, avec une simple lunette, je puis RAP*procher* (proche) de mes yeux le flambeau des nuits.

11. La multitude, qui a *employé* le jour à gagner sa vie à la sueur de son front, bénit le *retour* de la nuit, qui lui offre un *délassement* dans les bras du sommeil.

12. La nuit égale, en quelque sorte, le mendiant au monarque ; car tous deux sont *soumis* à la loi qui leur *impose* le repos pour réparer leurs forces *épuisées*.

13. Quelques *insensés* cependant se *soustraient* à l'ordre *établi* par le Créateur, *transforment* la nuit en jour, et *poursuivent* dans les ténèbres des jouissances éphémères.

14. D'autres imitent les animaux nocturnes, et vont, à la faveur des ombres, s'*enrichir* des dépouilles de leurs frères qui *reposent* dans la paix de l'innocence.

15. Oh ! jamais je ne m'abandonnerai à ces *désordres*, que ma raison et ma conscience *repoussent* avec horreur.

16. Toute la vie je respecterai, comme mon divin Maître, la volonté du Père céleste, et, avec son secours, ma résolution restera INE*branlable* (branler).

17. Je *recherche* le bonheur éternel, et je ne le REN*contrerai* (contre) que sur le chemin que m'a tracé mon Créateur et mon Père.

(Reprise des dérivés à doubles initiales.)

76. — Septième série. Le matin.

1. Déjà le coq matinal nous a *annoncé* à plusieurs *reprises* la *renaissance* du jour, et quelques chantres du bocage nous disent qu'il *approche*.

2. L'aube blanchit le ciel à l'orient, et son cercle s'*agrandit* de plus en plus dans l'azur des cieux.

3. Les ombres de la nuit *s'enfuient* devant la lumière, les objets se dessinent les uns après les autres, et *reprennent* leurs couleurs.

4. A présent, le disque radieux du soleil se montre, il *s'élève*, et mes yeux ont de la peine à *supporter* son éclat.

5. Il va en *apparence* décrire son arc journalier au-dessus de nos têtes.

6. Toute la nature est *rajeunie* depuis son arrivée sur l'horizon, et elle a l'air de *ressortir* du néant.

7. Depuis son lever, toutes les étoiles ont *disparu*, et tout le ciel est désert.

8. L'astre du jour me *rappelle* Celui devant qui toute créature doit *s'agenouiller* pour *entonner* l'hymne du respect le plus profond et de la *reconnaissance* la plus vive.

9. Comme il éclaire tous les hommes de sa lumière, et les RE*chauffe* (chauffer) tous de ses feux, ainsi je dois les *embrasser* tous dans un amour aussi désintéressé qu'*infatigable*.

10. Comment oserais-je marcher à sa lumière, si en enfant *dégénéré* je portais en mon âme l'*indigne* égoïsme ou la haine homicide ?

11. Le soleil, dès son lever, RA*vive* (vif) toutes les plantes, DÉCOM*pose* et RECOM*pose* (pose) leurs sucs nourriciers, pour leur donner à toutes l'*accroissement* et la fertilité.

12. Des milliers d'insectes, que les ténèbres avaient *endormis*, ont *retrouvé* la vie le matin; ils voltigent et s'égayent dans les airs.

13. L'homme aussi se sent *revivre* le matin, et il apprécie, aux premiers rayons du soleil, le bienfait de son existence.

14. Jadis, avant l'apparition de la lumière, notre globe n'était qu'un affreux chaos ; c'est elle qui, sur l'ordre du Créateur, a *débrouillé* la désolante confusion.

15. Mais le Créateur a *prononcé* une seconde fois le grand mot : Que la lumière soit ! et la lumière de l'Évangile est venue nous *apporter* la vérité et le salut.

16. Oh ! que personne ne se montre *indocile* à la voix du Père, qui, dans sa miséricorde, daigne RA*mener* (mener) au bien ses enfants *égarés !*

CHAPITRE III.

MOTS COMPOSÉS.

—

77. — Mots composés formés de deux mots réunis en un seul.

Vous avez vu jusqu'ici des radicaux précédés d'invariables, prépositions ou adverbes, et ne faisant avec

eux qu'un seul et même mot : cette leçon vous fera
voir d'autres réunions par suite desquelles certains
. mots viennent se fondre ensemble, et où le premier
subit souvent quelque changement. Ce sera à vous à
démêler les deux mots et à m'en indiquer la classe.
Vous ferez vos réflexions sur le contenu de l'exemple,
après l'avoir répété, et vous inventerez d'autres
exemples, où devra se trouver le mot composé que
vous aurez relevé dans le mien.

1. La foudre tomba sur une maison isolée à la campagne, et y
   bouleversa tout sans mettre le feu à rien.
2. Le *portor* est une belle espèce de marbre noir dont les taches
   jaunes imitent l'or.
3. Nous ne pouvons faire que peu de bien, faute de ressources ;
   mais nous devons avoir de la *bienveillance* pour tout ce
   qui respire.
4. L'image du Père commun est indignement profanée dans un
   cœur qui nourrit de la *malveillance* envers ses enfants.
5. En vain voudrais-je compter les *bienfaits* que j'ai reçus du
   Ciel depuis ma naissance, jamais je n'y réussirais.
6. Ce n'est pas à dessein, mais par *maladresse*, que j'ai renversé
   ce petit enfant que j'aime sincèrement.
7. Il y a au *plafond* de cette église d'admirables peintures.
8. N'est-il pas contre toute *bienséance* (seoir, il sied) qu'un
   enfant veuille être servi à table de préférence à tout le
   monde ?
9. Il y a dans le *plain-chant* de l'Eglise des morceaux sublimes
   qui inspirent de graves pensées, lorsqu'ils sont exécutés
   par des voix d'élite.
10. Le général a fait la revue des troupes, et elles ont parfaite-
    ment *manœuvré* (la main, l'œuvre).
11. C'est par de longues et infernales *manœuvres* que les enne-
    mis du Sauveur sont parvenus à faire demander sa mort
    par l'aveugle et mobile multitude.
12. Il n'est pas seulement *vraisemblable*, mais il est certain
    qu'un enfant négligent dans son travail restera ignorant
    toute sa vie.
13. Dans les feuillages d'un même arbre, vous trouverez de la
    ressemblance, mais pas d'*uniformité* (une forme).
14. Ce n'est pas assez d'entrer dans la voie du bien, il faut s'y
    maintenir avec courage et persévérance (tenir avec la
    main).
15. L'homme ne doit se vendre à personne, à quelque prix que
    ce soit ; car il ne doit *appartenir* (tenir à part) qu'à son
    Créateur.
16. Les *gendarmes* (gens qui portent des armes) rendent de
    grands services au public, puisqu'ils veillent à sa sûreté.
17. On n'a pas discontinué de porter des *justaucorps*, mais on
    ne les nomme guère ainsi (un habit juste au corps).

18. Que de personnes prononcent le mot *adieu* (je vous recommande à Dieu), sans se douter de ce que signifie cette pieuse expression de nos pères !

(Reprise des mots composés pour en indiquer les éléments, avec invitation aux élèves de les faire entrer dans des pensées qui leur viendront à l'esprit.)

78. — Noms composés formés d'un nom et d'un adjectif liés par un trait d'union.

Dans la langue, il y a plusieurs noms qui, pour exprimer une idée particulière qu'on veut y attacher, demandent à être accompagnés d'un adjectif qui les détourne de leur signification commune ou trop vague. D'autres fois l'adjectif est nécessaire parce que, sans lui, le nom dirait autre chose que ce que l'on a en vue. Regardez ces exemples :

Le ventre,   le bas-ventre.   La cour,   la basse-cour.

Dans le premier exemple, l'adjectif *bas* restreint la signification du mot générique *ventre* à sa portion inférieure. Dans le second, l'adjectif *basse* spécifie le mot *cour*, et indique un espace où l'on tient la volaille. Vous voyez dans ces deux exemples que l'adjectif est rattaché par un trait d'union au nom qu'il modifie. L'orthographe d'usage exige ce trait dans les cas semblables.

Dans mes nouveaux exemples, vous relèverez les noms composés qui doivent être réunis par le trait d'union, et vous en donnerez la raison. Il est entendu que l'adjectif doit ici, comme ailleurs, prendre le genre et le nombre du nom qu'il accompagne. C'est ce que vous devrez indiquer chaque fois.

1. On sépare les jardins des vergers par des *claires-voies*.
2. Les *chauves-souris* saisissent dans l'atmosphère les plus légers papillons.
3. Dans les bois où nichent les *rouges-gorges*, les mâles sont toujours près de leurs femelles, qu'ils égayent de leur doux ramage.
4. Les *pies-grièches* poussent des cris si forts et si menaçants, qu'elles réussissent presque toujours à faire reculer l'oiseau de proie.

5. Les *grands-ducs* partent pour la chasse de meilleure heure que les autres oiseaux de nuit, et rentrent plus tard le matin dans leurs retraites.

6. La jeune *chauve-souris* s'attache au corps de sa mère, qui l'allaite même en volant.

7. Le bâtimore a soin de laisser à son nid une petite fenêtre à *claire-voie*, par laquelle la femelle voit sans être vue.

8. Les enfants attachent les *cerfs-volants* à un fil, et s'amusent à leur donner la volée.

9. Les matelots ont du plaisir à voir en haute mer les *poissons-volants* s'élancer sur l'eau à de grandes distances, pour échapper à leurs ennemis.

10. On fait avec le fruit de l'*épine-vinette* une boisson qui est très-agréable et très-rafraîchissante.

11. L'édifice des abeilles menace-t-il ruine, elles l'étayent de suite avec des *arcs-boutants*, et se montrent aussi ingénieuses à réparer qu'à construire.

12. Les *chats-huants* (huer, crier) sont une espèce de hiboux qui ont une tête et des yeux de chat, et qui la nuit crient fort haut.

13. Jamais les lions, les panthères et les hyènes ne font meilleure chère qu'à la suite des gazelles sautantes du cap de *Bonne-Espérance*.

14. C'est dans les rivières et les marais de la *Nouvelle-Hollande* que s'abrite le singulier animal que son museau, semblable au bec du canard, a fait nommer ornithorynque.

15. Les *sages-femmes* donnent les premiers soins aux enfants qui viennent au monde.

(Reprise des noms composés, pour indiquer les éléments et la manière de les lier dans l'écriture. Les élèves recevront en même temps l'invitation de la leçon précédente.)

79. — Noms composés formés de deux noms, sans préposition intermédiaire.

Nous avons des noms composés de deux noms. L'un d'eux fait les fonctions d'un adjectif, pour ajouter à l'autre un caractère sans lequel il n'exprimerait pas du tout l'objet que l'on a dans la pensée. C'est le défaut de mots propres qui a amené cette combinaison. Regardez cet exemple :

Les oiseaux-mouches.

Le nom *oiseau* est commun à tous les oiseaux, depuis l'aigle jusqu'à celui dont il est ici question. Comme l'on n'avait pas de nom particulier à lui donner, on a ajouté au nom commun *oiseau* un autre nom commun *mouche*, et en réunissant les deux noms, on a désigné le plus petit des oiseaux connus. La locution est elliptique, et, pour l'exprimer explicitement, on dirait : *Les oiseaux qui par leur petitesse ressemblent à des mouches*. N'est-ce pas cela ?.....

Vous voyez que les deux noms sont aussi liés par un trait d'union, et que tous les deux sont au même nombre.

Vous relèverez ces doubles noms dans mes exemples. Vous en indiquerez le genre, le nombre et la liaison ; vous expliquerez ensuite la locution elliptique, puis vous ferez vos réflexions sur le contenu de mes paroles.

1. L'*oiseau-mouche* couve ses œufs pendant douze jours, dans un nid suspendu au bout d'une branche.
2. Les *oiseaux-mouches*, ces pygmées de l'espèce, déploient pour la défense de leurs petits un courage héroïque.
3. Le *fourmi-lion* fait dans le sable une fosse en entonnoir, et dévore au fond les insectes qui glissent sur les parois inclinées.
4. Les *piverts-maçons* rétrécissent, pour nicher, des trous d'arbre avec de la boue et des pierres si bien pétries, qu'un maçon ne ferait pas mieux.
5. Quelques *martins-pêcheurs* creusent leurs nids dans la terre où le tuf tendre, et les mettent à l'abri de l'eau par une galerie tortueuse.
6. Une *gomme-résine* enduit la plupart des bourgeons des arbres et les défend du froid et de l'humidité.
7. Les *crabes-tortues* se couvrent le dos d'un corps marin spongieux, pour se garantir des dents ennemies.
8. La courtilière est parmi les insectes ce qu'est la taupe parmi les mammifères, aussi la nomme-t-on *taupe-grillon*.
9. Dans le midi de la France, on se sert beaucoup de *dames-jeannes* pour y garder le vin.
10. Parmi les fruits à noyau, je distingue les *reines-claudes*, et je les préfère à toutes les autres prunes.
11. Les enfants qui peignent doivent se mettre en garde contre les *gommes-guttes*, car elles sont un poison.
12. Nous voyons dans les jardins potagers des *choux-fleurs* si volumineux, que d'un seul on peut faire un mets pour plusieurs personnes.
13. Les meilleures *gardes-malades* ne sont pas celles que l'on salarie, mais celles que la charité chrétienne attache aux lits de douleur.
14. Il y a des *choux-raves* qui croissent sur terre, et d'autres dont la pomme ne se voit pas.

15. Les *choux-palmistes* ne se trouvent pas dans nos pays, qui, faute de chaleur, ne produisent pas de palmiers.

16. Il n'y avait pas d'*hôtels-Dieu* dans le monde païen, car le Sauveur n'avait pas encore allumé sur la terre le feu sacré de la charité. (*Pourquoi* Dieu au *singulier ?*)

(Reprise des noms composés, avec invitation, comme au n° 77.)

80. — Noms composés formés de deux noms liés par une proposition.

Plusieurs noms composés se forment de deux noms qui ne se suivent point immédiatement, mais qui se lient par l'intermédiaire d'une préposition. Regardez bien ces deux exemples :

Un char-à-bancs.	Des chars-à-bancs.
De l'eau-de-vie.	Des eaux-de-vie.

Chacun de ces exemples est au singulier et au pluriel, et vous voyez que partout les deux noms ont une préposition entre eux. Comme ils ne doivent faire qu'un seul mot, on double le trait d'union. Dans le premier exemple, au singulier, *char-à-bancs*, le mot *bancs* est au pluriel. Ne veut-on pas indiquer que le char en question a plusieurs bancs ?.... Si le char n'avait qu'un banc, faudrait-il ajouter *s* à *banc* ?.... Pourquoi, dans le second exemple, le mot *vie* est-il au singulier ?... Regardez maintenant ces noms composés au pluriel, et dites à quel nombre se trouve chacun des mots qui les forment....

Il y a donc, au sujet du nombre, une règle importante d'orthographe à suivre, lorsque les deux noms réunis par les traits d'union sont liés l'un à l'autre par une préposition. La voici :

Le premier nom, au pluriel, prend toujours le signe de ce nombre [1]; mais le second, après la prépo-

---

1. Il faut que cette condition soit remplie : c'est que le déterminatif (article ou adjectif) porte sur ce premier nom, comme dans les exemples cités. Si le déterminatif portait sur un mot absent, le premier nom resterait lui-même invariable : des *coq-à-l'âne* ; des discours où l'on va du coq à l'âne.

(*Note des éditeurs.*)

sition, ne le prend que lorsque lui-même doit marquer la pluralité.

Répétez cette règle, puis faites-en l'application aux deux exemples du tableau.....

Voici des exemples du même genre. Vous ferez d'abord vos réflexions sur leur contenu, après quoi vous relèverez les noms composés qui s'y trouvent pour en donner l'explication [1] ; enfin vous déciderez, en vous rapportant à la règle, à quel nombre il faut mettre le second nom.

1. C'est l'homme qui est le *chef-d'œuvre* de la création terrestre, et c'est à lui que le Créateur a donné l'empire sur tout le règne animal. (*Ici le d avec apostrophe rend le second trait d'union inutile.*)
2. Que sont tous nos *chefs-d'œuvre* à côté d'un seul brin d'herbe, que tous les artistes du monde ne sauraient imiter?
3. Les généraux ont des *aides-de-camp* qui portent leurs ordres partout où ils sont envoyés.
4. A la vue des *arcs-en-ciel*, je me rappelle avec plaisir la promesse que Dieu a faite à Noé après le déluge.
5. Nous avons des fleurs que nous appelons bien justement *boutons-d'or*, quoiqu'elles ne soient pas faites de ce métal.
6. Les *belles-de-nuit* sont fermées pendant le jour, et elles ne se rouvrent qu'au retour des ténèbres.
7. Henri IV désirait que tous les campagnards eussent le dimanche une poule dans leur *pot-au-feu*.
8. Les *eaux-de-vie*, quand on en fait abus, deviennent des eaux de mort.
9. Si un jeune homme veut prendre de bonnes manières, ce n'est pas dans les *corps-de-garde* qu'il doit faire son éducation.
10. Les architectes placent des *œils-de-bœuf* dans l'intérieur des maisons pour donner un peu de jour à des pièces qui ne pourraient pas en avoir autrement.
11. Les chicaneurs ne vont pas droit dans les procès, car ils s'étudient à jeter des *crocs-en-jambe* à leurs adversaires.
12. Les rues dans les villes de l'ancien temps sont souvent mal percées, et on y trouve des *culs-de-sac* qui ne sont ni propres ni sains.
13. Que je plains les *culs-de-jatte* qui ne peuvent marcher comme nous !
14. Nos *rez-de-chaussée* sont souvent humides, parce que l'on a manqué de prendre des précautions dans la bâtisse.

---

1. Les instituteurs doivent se préparer à ces explications. Les locutions sont toujours elliptiques ; il s'agit de trouver les mots sous-entendus, et de les faire trouver par les élèves.

15. Les personnes aisées qui habitent ordinairement la campagne ont des *pied-à-terre* dans la ville, pour être aussi chez elles quand elles y viennent (*des appartements à mettre pied à terre*).

(Reprise des noms composés, avec leur explication et leur orthographe, puis avec l'invitation précédente.)

81. — Noms composés formés d'un verbe et d'un nom.

D'autres noms composés sont formés d'un verbe et d'un nom. Le verbe est toujours à la troisième personne du présent singulier, et ne change jamais. Le nom exprime l'objet de ce verbe en réponse à la demande *quoi?* et il est au singulier ou au pluriel, selon qu'il doit exprimer plusieurs objets ou un seul. C'est l'intelligence qui doit en juger.

Regardez ces exemples :

> Un tire-bottes. — Des tire-bottes.
> Un perce-neige. — Des perce-neige.

Quels sont les premiers mots dans ces exemples?... Où sont placés les verbes?... Subissent-ils un changement lorsque la locution est mise au pluriel?... Pourquoi, dans le premier exemple, *bottes* est-il au pluriel après l'article singulier *un*?... Pourquoi n'en est il pas de même avec le nom *neige*?... Pourquoi le nom *neige* reste-t-il au singulier après l'article *des* qui amène un pluriel?...

Nos deux exemples sont elliptiques, et ils ont des mots sous-entendus que l'on ne dit pas. Je vais traduire ces locutions ; voyez si j'exprime bien les idées qu'elles renferment.

> Un tire-bottes.

C'est-à-dire un instrument qui *tire* les bottes. Est-ce cela ?

> Un perce-neige.

C'est-à-dire la fleur printanière qui *perce* la neige. Qu'en dites-vous ?

Le nom placé à la suite du verbe n'en exprime pas

toujours l'objet, mais un déterminatif de temps, de lieu, etc. Voyez si ce n'est pas comme cela dans la locution *un réveille-matin*... Voilà comment vous traduirez, après en avoir indiqué les éléments, les noms composés qui se trouveront dans mes exemples. Ensuite vous direz à quel nombre le nom doit être placé d'après le sens qu'il présente, et vous finirez par faire vos réflexions sur le contenu de l'exemple.

1. Les petits paresseux s'effarouchent des moindres tâches qu'on leur donne ; car pour eux elles sont toujours un *casse-tête*.
2. Chez les pauvres vous ne trouverez pas de *porte-mouchettes*, car ils mouchent la chandelle autrement que nous.
3. Dans les pays chauds, on a des *chasse-mouches* pour écarter ces incommodes insectes.
4. Les écoliers qui causent ou s'amusent aux leçons ont besoin d'un *rabat-joie* pour les ramener à l'ordre.
5. Les *coupe-gorge* sont devenus fort rares, depuis que la police a été perfectionnée et est plus vigilante.
6. C'est à tort que l'on a donné le nom de *perce-oreilles* aux petits insectes qui le portent, car ils ne peuvent endommager le tympan des oreilles.
7. Les meilleurs *porte-voix* n'ont jamais pu transmettre les nouvelles et les ordres aussi loin que les télégraphes.
8. Les enfants ingrats et indociles sont de véritables *crève-cœur* pour les mères qui se sont sacrifiées pour eux.
9. On devrait fermer l'entrée de toute société à ces misérables *boute-feu* qui sèment la discorde et les querelles partout où ils s'introduisent.
10. Il faut mettre de l'âme dans le chant et le jeu des instruments de musique ; autrement, l'on n'est qu'un pauvre *croque-notes*.
11. Les *attrape-mouches* prennent comme dans un piège les insectes qui viennent pour en attaquer l'ovaire ou les étamines.
12. Les *casse-noix* descendent des montagnes, dans les disettes, et se portent en foule vers les sapins de la plaine.
13. Qui croirait qu'un chétif insecte comme le *perce-bois* puisse trouer les arbres pour y déposer ses œufs ?
14. Les bavards sont de véritables *brise-raison* ; car, dans le flux irréfléchi de leurs paroles, ils parlent comme des insensés.
15. On place les *abat-jour* aux croisées des prisons, pour ôter aux reclus la vue dans la rue, sans leur ôter le jour.
16. Le petit enfant est souvent un *réveille-matin* pour sa mère, dont le sommeil est trop fréquemment coupé par des cris et des pleurs.
17. Il est permis aux marmitons d'être des *fouille-au-pot*, mais cela ne convient pas aux enfants de la maison.

18. On appelle *vol-au-vent* des pâtisseries si légères, qu'elles voleraient pour ainsi dire au vent, si on les lui confiait.

(Reprise des locutions composées, avec leur explication et leur orthographe. Compositions comme précédemment.)

82. — Noms composés formés par des noms précédés de prépositions ou adverbes.

On forme aussi des noms composés en plaçant devant le nom des adverbes et des prépositions, que l'on sépare de même dans l'écriture par des traits d'union. Vous avez vu précédemment que les prépositions *contre* et *entre* nous ont fourni des dérivés où la préposition et le radical ne faisaient qu'un seul et même mot. On peut prévoir que désormais cela se fera partout; mais, en attendant, il faut se conformer à l'usage.

Sur les exemples que je vais vous dire, vous ferez tous les exercices précédents.

1. Les hôtels ont souvent des *entre-sol* plus bas que les autres étages, mais leurs habitants n'en sont pas mieux logés pour cela.
2. Les *avant-gardes* commencent les attaques dans la guerre, et elles essuient les premiers coups de l'ennemi.
3. L'*arrière-garde* protége les bagages, et fait marcher les traînards, si dangereux pour les pays où ils passent.
4. Dans l'œuvre de Dieu, il y a partout des poids et des *contre-poids* qui se balancent exactement, et produisent la marche constante de la nature.
5. C'est comme à *contre-cœur* que le Père commun afflige ses enfants, mais c'est pour les amener au devoir et au bien.
6. Les *entre-colonnes* ont leur mesure dans l'architecture, et on ne peut y manquer sans nuire à la beauté ou à la solidité de l'édifice.
7. Les *arrière-saisons* ont leurs avantages comme leurs désagréments, car tout se compense dans le gouvernement de la Providence.
8. La vengeance contente un moment, mais elle laisse un *arrière-goût* bien amer et bien long.
9. On peut faire valoir ses raisons dans les difficultés, mais il faut savoir en entendre la *contre-partie*.
10. Les bonnes lectures sont un *contre-poison* au milieu d'un monde qui nous environne de séductions.
11. Les tables frugales ne connaissent pas les *hors-d'œuvre*; elles donnent tout au besoin, et rien aux raffinements de la sensualité.

12. Préparez-vous à éprouver des *contre-temps* dans la vie, car nous sommes ici sur une terre d'épreuve.
13. Vauban a transporté les *contre-forts* du dehors au dedans dans les fortifications : c'est une amélioration qu'il a introduite.
14. L'aveugle et triste paganisme avait ajouté à une foule de déités une foule de *demi-dieux*, en sorte que tout était dieu, excepté Dieu seul.
15. Les *demi-confidences* trompent ceux qui les reçoivent, et il vaut mieux ne rien dire que d'en faire.
16. Les fourbes ont toujours des *arrière-pensées* qu'ils n'osent pas dire, parce qu'elles sont mauvaises et honteuses.
17. Les hirondelles sont les *avant-coureurs* du printemps, et les campagnards aiment à voir leur retour.
18. Une *semi-preuve* ne suffit pas pour porter un jugement contre quelqu'un ; il faut une preuve convaincante.
19. Lorsque le président est absent, le *vice-président* prend sa place.
(Reprise des noms composés, et compositions spontanées comme précédemment.)

83. — Combinaisons particulières tenant la place des noms. Répétition des formations précédentes.

Il y a enfin dans la langue des combinaisons toutes particulières de mots qui représentent des noms, et qui en font les fonctions avec les articles *le, la, les* et *des,* quelquefois sans qu'il se trouve un seul nom dans la locution, qui est tout elliptique. Dans les exemples que vous allez entendre, vous décomposerez ces combinaisons particulières, que vous chercherez à expliquer ; vous en donnerez l'orthographe, puis vous ferez, comme toujours, vos réflexions sur la pensée qu'elles expriment. Je vous préviens que dans le nombre vous verrez reparaître les combinaisons des leçons précédentes. Elles vous serviront d'objets de comparaison, et seront en même temps une répétition.

1. Il y avait beaucoup de *sourds-muets* au temps du Sauveur, et il les guérissait d'une seule parole comme tous les autres malades.
2. Les *bons-chrétiens* mûrissent tard, et deviennent pour nous une provision que la Providence nous a ménagée pour l'hiver.
3. Les *nouveau-nés* mourraient bientôt, si la tendresse maternelle ne fournissait pas à tous leurs besoins.

4. Un peintre doit apprendre à bien distribuer le jour et les ombres, car la magie de la peinture dépend des *clairs-obscurs*.

5. Le cultivateur a trop ménagé la semence, et il n'a que des *clair-semés* dans ses champs, qui rendront peu à la moisson (*clair* adverbe mis pour *clairement*).

6. Il est permis aux joueurs de gobelet de faire des tours de *passe-passe* ; mais, au jeu et dans les affaires, les *passe-passe* sont des filouteries.

7. Il ne faut pas juger nos semblables sur les *ouï-dire*, car il y a beaucoup de jugements téméraires et beaucoup de calomnies dans les discours du public (*ouïr*).

8. L'égoïste n'a en vue que son *bien-être* personnel, et se dit : Après moi le déluge.

9. Certaines gens emploient les détours comme des *passe-partout*, mais tôt ou tard leurs fourberies sont découvertes.

10. Comment confier à ce *brise-tout* des jouets de quelque prix ?

11. Les *épées-de-mer* servent par leur voracité à maintenir l'équilibre parmi les habitants de l'eau salée.

12. Nos oiseaux qui s'apprêtent à changer de climat ont des *rendez-vous* avant de se mettre en voyage.

13. Les *porcs-épics* sont couverts de piquants, et ils appartiennent à la classe des mammifères rongeurs.

14. Dans les rues étroites, il y a des *vis-à-vis* que l'on n'aime pas (*des appartements placés vis-à-vis les uns des autres*).

15. On fait grand usage des *bains-marie*, et l'on ne connaît plus cette *Marie* dont ils portent le nom.

16. Ce misérable bavard a si peu de suite dans ses discours, qu'à tout instant il fait des *coq-à-l'âne* (*des sauts du coq à l'âne*).

17. Un enfant qui se conduit mal évite les *tête-à-tête* avec un père qui veut l'ordre dans sa famille (*les conversations qui se font tête à tête*).

18. Pour peindre avec plus de sûreté et sans fatigue, les peintres ont un *appui-main* (*une baguette qui sert d'appui à la main qui tient le pinceau*).

19. Savez-vous de quels *sauf-conduits* les hommes ont besoin pour passer en sûreté dans l'autre monde ?

(Reprise des locutions combinées, avec les indications convenables, et l'invitation comme dans les leçons précédentes.)

FIN DE LA PREMIÈRE PARTIE DU VOCABULAIRE.

TABLE

DE LA PREMIÈRE PARTIE DU VOCABULAIRE.

Abbeville. — Imp. Briez, C. Paillart et Retaux.